Couverture inférieure manquante

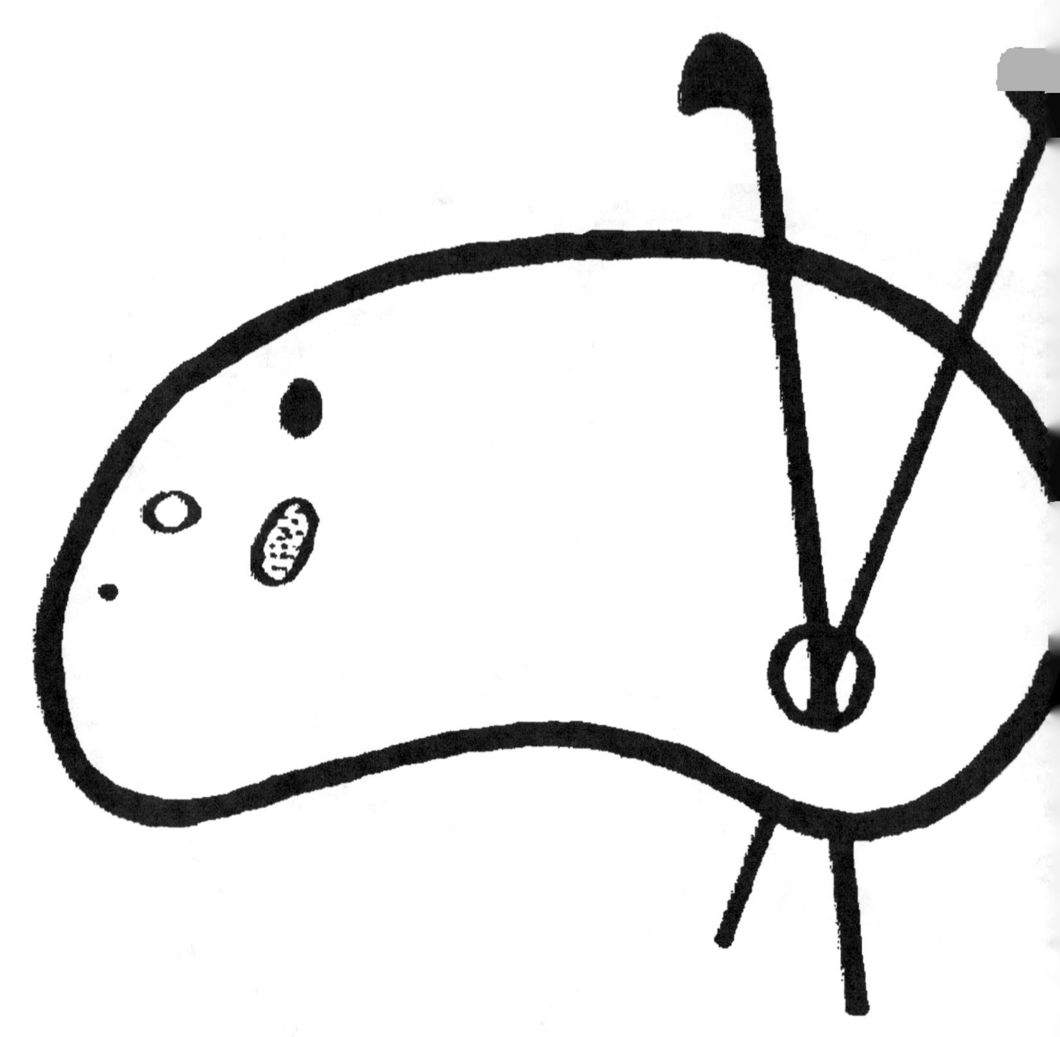

ORIGINAL EN COULEUR

NF Z 43-120-1

LE

NOYONNOIS

ETAT POLITIQUE

PAR M. LÉON MAZIÈRE.

NOYON

TYPOGRAPHIE D. ANDRIEUX-DURU,

5, RUE DU NORD.

1865.

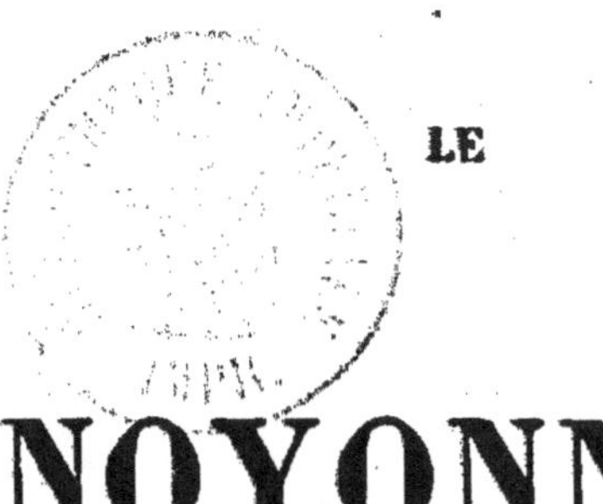

LE
NOYONNOIS

LE
NOYONNOIS

ÉTAT POLITIQUE

PAR M. LÉON MAZIÉRE.

NOYON

TYPOGRAPHIE D. ANDRIEUX-DURU,

5, RUE DU NORD.

1865.

Le présent travail est divisé en deux parties :

Dans la première, j'ai établi ce qu'était le *pagus* gaulois, et indiqué les différentes formes administratives qu'a reçues son territoire avant d'arriver jusqu'à nous sous le nom de *pays* ;

Dans la deuxième, après avoir tracé les limites du Noyonnois, j'ai présenté son état politique pendant les périodes gauloise, gallo-romaine, franque et française.

Cette division m'était imposée par la nature même et les exigences de ce travail. En effet :

Bien qu'il soit généralement admis que les *pays* représentent les territoires des *pagi* gaulois, il était cependant utile, sinon d'exposer la question dans tous ses détails, au moins de rappeler les principaux faits dont l'enchaînement conduit à sa solution.

Le *pagus* a été une fraction de la *civitas* gauloise ; son territoire a formé une subdivision de la *civitas* gallo-romaine, elle-même subdivision de la *provincia*, et est devenu ensuite, sous le nom de *comté*, une province franque. Donner un aperçu du régime politique auquel il se rattachait et du système administratif dont il faisait partie, était donc une chose nécessaire.

Le comté a lui-même disparu. Les diverses circonscriptions judiciaires, financières et militaires qui l'ont remplacé étaient en si complet désaccord avec l'ordre antérieur, qu'il était indispensable d'en indiquer l'origine.

D'un autre côté il y a, dans le passé du Noyonnois, certains points qui ont soulevé et soulèvent encore aujourd'hui une vive controverse, et que je devais traiter avec tous les développements qu'ils comportent.

De tout cela, on le comprend, serait résulté une complication, une confusion que j'ai dû éviter au prix même de quelques répétitions.

J'ai donc mentionné séparément les faits généraux, de façon à présenter, avec le plus de suite possible, tous les faits qui sont particuliers au Noyonnois.

PREMIÈRE PARTIE

—

PAGUS ET PAYS

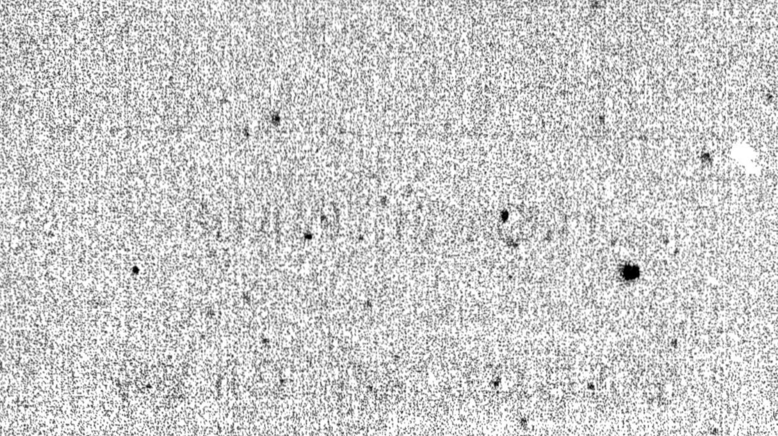

PREMIERE PARTIE

PAGUS ET PAYS

I.

Vers l'an 58 avant J.-C., une grande partie de la Gaule était encore indépendante (1).

Elle était partagée entre trois races d'hommes ou nations, différentes de langue, d'institutions et de lois.

Chacune de ces nations était composée de plusieurs peuples ou États confédérés.

La plupart de ces États comprenaient un certain nombre de peuplades qu'une cause quelconque, volontaire ou forcée, avait réunies.

La peuplade elle-même se fractionnait.

Entre quelques États existaient des rapports de domination et de subordination respectives.

Pour distinguer chacune de ces situations politiques particulières on se sert généralement, à défaut des appellations gauloises que l'on ne connaît pas, des équivalents ou plutôt des à-peu-près latins employés par J. César dans ses Mémoires sur la guerre de la Gaule. Ainsi on désigne après lui :

L'État par le mot *civitas* ;

La peuplade par le mot *pagus* ;

(1) Le surplus de la Gaule, la partie méridionale, avait été depuis longtemps déjà conquis par les Romains. Ce surplus formait, dès l'an 118 avant J.-C., une *provincia*, et c'était par ce nom qu'il était communément désigné.

La fraction de la peuplade par le mot *pars*, vague de sens, il est vrai ;

Enfin, les Etats subordonnés, lorsque l'on est amené à en parler concurremment ou en opposition avec les Etats dominants, par les mots *clientes*, *in clientela*, *sub imperio*, *attributi*, suivant la nature et les circonstances de la subordination,

Si j'entre dans ces détails qui, au premier abord, peuvent paraître inutiles, c'est que, dans ces derniers temps, on a prétendu que par le mot *pagus* César avait désigné, non la peuplade, mais l'Etat subordonné ; le mot *civitas* s'appliquant exclusivement à l'Etat dominant et indépendant.

Sans discuter ici les arguments présentés à l'appui de cette thèse, et qui ne sont au fond que des malentendus, je laisserai à César le soin de démontrer que le mot *pagus* n'a point, sous sa plume, d'autre signification que celle de peuplade, de fraction de *civitas*. Les passages suivants ne laissent aucun doute à cet égard, je pense :

In Gallia, non solum in omnibus civitatibus, atque in omnibus pagis partibusque, sed pæne etiam in singulis domibus, factiones sunt (1).

...... *Ubi per exploratores Cæsar certior factus est, tres jam copiarum partes Helvetios id flumen* (la Saône) *traduxisse, quartam vero partem citra flumen Ararim reliquam esse; de tertia vigilia cum legionibus tribus e castris profectus, ad eam partem pervenit, quæ nondum flumen transierat. Eos impeditos et inopinantes aggressus, magnam eorum partem concidit; reliqui fugæ sese mandarunt atque in proximas silvas abdiderunt. Is pagus appellabatur Tigurinus : nam omnis civitas Helvetia in quatuor pagos divisa est. Hic pagus unus, quum exisset, patrum nostrorum memoria, L. Cassium*

(1) Ed. Panckoucke. Liv. 6, ch. 11.

consulem interfecerat, et ejus exercitum sub jugum miserat, etc. (1).

.....Eo postquam Cæsar pervenit, obsides, arma, servos, qui ad eos perfugissent, poposcit. Dum ea conquiruntur et conferuntur, nocte intermissa, circiter hominum millia vi ejus pagi, qui Verbigenus appellatur, etc. (2).

......Dum in his locis Cæsar navium parandarum causa moratur, ex magna parte Morinorum ad eum legati venerunt.... ; has equitibus distribuit ; reliquum exercitum Q. Titurio Sabino et L. Aurunculeio Cottæ, legatis, in, Menapios atque in eos pagos Morinorum, ab quibus ad eum legati non venerant, deducendum dedit (3).

.....Altera ex parte, (Vercingetorix) Gabalos proximosque pagos Arvernorum in Helvios.... mittit (4).

Quant à la *civitas* c'est l'État, un État quelconque, aussi bien puissant que faible, dominant et indépendant que subordonné. Cette qualification est appliquée en effet :

D'une part, entre autres :

Aux *Ædui* : quod semper Æduorum civitati ... (5).

Aux *Treviri* : in Treviros mittit, quorum civitas ..(6).

Aux *Remi* : Remi.... ad eum legatos Iccium et Antebrogium, primos civitatis.... (7);

Qui tenaient le premier rang parmi les États puissants, dominants et indépendants.

— Et d'autre part, pour ne citer que ceux-ci :

Aux *Boii* : civitas erat exigua et infirma (8); *Ædui* que attribuerat (9);

Aux *Eburones* : civitatem ignobilem atque hu-

milem

(1) Liv. 1, chap. 12: voir aussi les ch. 13 et 14.
(2) — 1, — 27.
(3) — 4, — 22.
(4) — 7, — 61.
(5) — 7, — 40.
(6) — 8, — 25; Hirtius.
(7) — 2, — 3.
(8) — 7, — 17.
(9) — 7, — 9.

Eburonum (1) ; *in fines Eburonum... qui sunt Trevirorum clientes* (2) ;

Aux *Suessiones* : *Suessiones... latissimos feracissimos que agros possidere; apud eos...* (3); *obsidibus acceptis, primis civitatis...* (4); *Suessionum, qui Remis erant attributi* (5) ;

Aux *Carnutes* : *in Carnutes,... quæ civitates propinquæ his locis erant* (6); *eodem Carnutes legatos obsidesque mittunt, usi deprecatoribus Remis, quorum erant in clientela* (7) ;

Les uns faibles, les autres puissants, et tous subordonnés aux *Ædui*, aux *Treviri* ou aux *Remi*.

Il n'y avait point uniformité dans la constitution politique des *civitates* gauloises : chaque *civita* se gouvernait à sa volonté ;

Ni stabilité : car les formes de gouvernement variaient au gré des factions qui dominaient la société gauloise. La moins en faveur était la forme monarchique ; la plus répandue, la forme aristocratique ; dans certaines circonstances, l'élément démocratique l'emportait cependant.

II.

Les Romains, sous le commandement de J. César, envahirent cette partie de la Gaule restée indépendante. Les Gaulois luttèrent vaillamment ; mais enfin ils succombèrent.

César forma, de la contrée qu'il venait de soumettre à la République, une nouvelle *provincia*, dont les territoires des nations ou *Confédérations*, des *civitates*, des

(1) Liv. 5 chap. 28.
(2) — 4 — 6.
(3) — 2 — 4.
(4) — 2 — 13.
(5) — 8 — 6; Hirtius.
(6) — 2 — 25.
(7) — 6 — 4

pagi, etc. devinrent les divisions et subdivisions ; mais cet état de choses ne dura point longtemps.

L'ancienne *provincia*, la nouvelle et le territoire limitrophe du Rhin et habité par des peuples germains, qui avait été occupé après César, étaient échus à Auguste dans son partage avec le Sénat ; il divisa cette vaste région, appelée dans la suite *les Gaules*, en quatre *provinciæ* et en soixante *civitates*.

De ces quatre *provinciæ*, l'une était l'ancienne *provincia*, ou la *Narbonensis*, qui avait été maintenue en ses limites.

Les trois autres correspondaient en apparence aux trois *Confédérations* gauloises, les *Belgæ*, les *Aquitani* et les *Celtæ* ou Gaulois proprement dits ; mais, en réalité, n'avaient avec elles aucune concordance politique ni territoriale. En effet, pour les former, le sol gaulois avait été dénationalisé et entièrement remanié ; un territoire étranger lui avait été réuni ; des *civitates* avaient été détachées de leur *Confédération* et placées dans une agglomération d'origine différente ; des *pagi* avaient été distraits de leur *civitas*, incorporés dans une autre ou érigés en *civitates* ; plusieurs *civitates* avaient mêm e cessé d'exister.

Sous les successeurs d'Auguste, de nouveaux remaniements eurent lieu. Le nombre des *provinciæ* s'éleva progressivement de quatre à sept, à douze, à quatorze, à dix-sept ; celui des *civitates* était en dernier lieu de cent quinze.

Lors de la division de l'Empire en quatre *præfecturæ prætorio*, les Gaules avaient été comprises, avec l'Espagne et la Grande-Bretagne, dans la *præfectura prætorio Galliarum*.

Le nombre des *pagi* et leur distribution dans les *civitates* ne sont nulle part indiqués ; leurs subdivisions, les *vici* et *castella*, ne le sont qu'accidentellement. Ceci

s'explique par la médiocre importance politique et territoriale de ces diverses circonscriptions.

Les *pagi*, ou tout au moins la majeure partie, n'étaient
autres que les territoires des *pagi* gaulois. Point de doute
à cet égard.

En imposant à la Gaule une autre division politique,
Auguste et ses premiers successeurs avaient eu pour but
de substituer aux vieux errements des vues et des nécessités nouvelles et, par la désorganisation de l'ancien état
de choses, de mieux assurer la soumission. L'annexion
d'un territoire étranger, des déplacements de *civitates* et
de *pagi*, transformations de *pagi* et suppressions de *civitates* suffisaient pleinement, ainsi que les événements le
prouvèrent, pour atteindre ce résultat. Aller aussi loin
que le démembrement des *pagi*, c'eut été sans utilité je-
ter la perturbation dans les relations journalières, les habitudes des populations ; et la politique romaine était
trop habile pour le faire, au moins d'une manière générale.

Les remaniements postérieurs eurent pour unique
cause les nécessités administratives. Des démembrements
de *pagi*, dans ces conditions, se comprendraient seulement :

Si certains *pagi*, ayant une étendue trop considérable,
avaient dû être divisés : ce qui n'était pas ;

Ou si le démembrement avait été la conséquence forcée du redressement des frontières des anciennes *civitates*, ou de la fixation des frontières des *civitates* nouvelle-
ment créées. Or, il n'en a point été ainsi, à en juger par
l'absence de limites naturelles que présentent, sur tant de
points de leurs circonscriptions, la plupart des évêchés
primitifs, et que devaient présenter par suite les *civitates*
gallo-romaines correspondantes. On sait en effet que
l'Eglise, lors de son organisation, ayant modelé ses
principales divisions sur les principales divisions de

l'ordre civil et politique, les évéchés et les *civitates* gallo-romaines avaient la même circonscription territoriale.

On a prétendu qu'aux derniers temps cette identité entre les *pagi* gallo-romains et les territoires des *pagi* gaulois n'existait plus que comme exception. On a fait remarquer que tous les *pays*, ou à peu près, se trouvaient partagés entre plusieurs évéchés ; et on a tiré de ce fait la conséquence que les *pagi*, qu'ils représentaient, avaient été divisés entre les *civitates* correspondant à ces évéchée. Mais on oubliait que les limites des évéchés ont été changées sur nombre de points, et que leurs circonscriptions n'étaient plus, au moment où l'on constate le morcellement des *pays*, ce qu'elles avaient été à l'origine. Ceci est hors de toute discussion ; les faits sont là. Les traditions de l'Eglise ont conservé le souvenir des principales modifications survenues ; et les autres, de moindre importance et de beaucoup postérieures, s'établissent facilement.

Les *provinciæ* gallo romaines, excepté peut-être la *Narbonensis*, furent d'abord gouvernées par des *Legati Cæsaris*, chefs dans chacune d'elles tout à la fois du civil et du militaire.

Plus tard, ces pouvoirs furent séparés.

Au IV° et V° siècle, le gouvernement des Gaules était exercé par un délégué du *Præfectus prætorio Galliarum*, le *Vicarius decem-septem provinciarum*, ayant sous sa direction les *Consulares* et les *Præsides* chargés, chacun dans une *provincia*, de l'administration proprement dite et de la justice. Y avait-il, au-dessous des *Præsides* et des *Consulares*, des fonctionnaires dans les *civitates* et les *pagi*? Il semble que cela ait dû être ainsi, et cependant on n'en trouve aucune mention.

Les finances étaient gérées particulièrement par le

Comes sacrarum largitionum Imperii et ses subordonnés, les *Rationales*, les *Præpositi thesaurorum*, etc.

Quant à l'autorité militaire, elle était exercée, sous la suprématie du *Magister militum Imperii*, par un *Magister equitum per Gallias*, chef des troupes actives, et par un *Comes rei militaris* et des *Duces*, commis au commandement des circonscriptions militaires.

Dans la dépendance du *Magister militum præsentalium* se trouvaient les *Præfecti* des corps de nations Barbares colonisées dans les Gaules.

Les événements qui marquèrent les derniers temps de la domination romaine durent nécessairement affecter cette organisation, dans sa forme et dans sa nature.

Devant le flot montant des invasions les centres militaires se déplacèrent. Les établissements progressifs des Barbares sur le sol gaulois, effacèrent sur plus d'un point les limites des *provinciæ*.

Enfin, au milieu des résistances contre l'extérieur et des compétitions à l'intérieur, de ces luttes sans cesse renaissantes, dans le désarroi inouï qui en fut la conséquence, toute l'autorité passa insensiblement entre les mains des fonctionnaires de l'ordre militaire, le *Magister militum per Gallias*, les *Duces* et les *Comites*.

III.

La substitution de la puissance souveraine des rois Barbares à la puissance de l'Empereur n'était qu'affaire de formule. Ils étaient devenus les principaux fonctionnaires de l'Empire dans les Gaules, *Magistri militum* et *Patricii*, et la circonscription de leur commandement forma leur royaume.

Aussi, et particulièrement dans nos contrées restées les dernières sous la domination romaine, n'y eût-il rien

de changé, ni les institutions, ni les formes administratives. Mais le cumul des pouvoirs militaires et civils,
qui n'était plus dans la société gallo-romaine qu'un état
transitoire, d'exception, devint l'état normal, essentiel de
la société franque; et par suite les *Duces*, ducs, et les
Comites, comtes, se trouvèrent être les seuls fonctionnaires du nouveau régime.

La force des choses amena plus tard dans ce système administratif des modifications que je vais indiquer rapide-
ment.

A l'origine, suivant les caprices du roi ou les nécessités
du moment, le gouvernement du duc comprenait tantôt
une *civitas*, tantôt plusieurs *civitates*; celui du comte,
un *pagus* ou une *civitas*. La hiérarchie entre ces officiers
était irrégulière, mal définie.

L'organisation commençant à se faire, les comtes furent uniformément placés dans les *pagi* et régulièrement
subordonnés aux ducs.

Sous la double influence d'un semblable état de choses
et des partages incohérents qui se succédèrent entre les
princes francs, les circonscriptions des *provinciæ*, déjà
entamées dans les derniers temps de la domination impé-
riale, et des *civitates* cessèrent d'être des divisions
administratives de l'ordre civil et politique; et de fait il
n'y eut plus que des *ducatus*, duchés, c'est-à-dire circonscriptions du commandement des ducs, comprenant une
civitas ou plusieurs *civitates*;

Et des *pagi*, qui ne tardèrent point à prendre la dénomination de *comitatus*, comtés ou circonscriptions du commandement des comtes. — Le mot *pagus* se conserva néanmoins; mais il n'eut plus d'autre signification que celle
de territoire du comté, et c'est dans ce sens qu'il a formé
notre mot *pays*.

Le duché, circonscription plutôt politique qu'administrative, essentiellement arbitraire, ne pouvait avoir et

n'eut en effet qu'une courte existence. Le comté devint donc et resta la principale division de l'administration franque.

Ses subdivisions furent, le plus généralement dans nos contrées, *centena*, la centéne, *decania* ou *decanatus*, la décanie ou le doyenné, c'est-à-dire les circonscriptions du commandement du *centenarius*, centenier, et du *decanus*, décan ou doyen.

Pendant toute la durée du régime franc, les ducs, comtes, centeniers, décans, joignirent aux pouvoirs militaires les pouvoirs fiscaux et judiciaires.

IV.

Ce régime subsista, sans autre vicissitude, jusqu'au jour où la féodalité le vint désorganiser.

Alors et au milieu des inféodations qui se succédèrent si nombreuses, si arbitraires, les comtés, centénes, décanies, disparurent ; et de leurs démembrements il se forma de nouvelles circonscriptions politiques et civiles, ou *fiefs*.

De ces fiefs les uns, bien que sans concordance territoriale, conservèrent les dénominations des anciennes divisions administratives franques, duchés et comtés ; les autres l'empruntèrent au nouvel ordre de choses : telle entre autres, dans nos contrées, que la Châtellenie, c'est-à-dire la circonscription de l'office du châtelain, officier investi de la garde du château et du commandement des troupes et le premier de tous dans une société essentiellement militaire.

Le possesseur d'un fief, le seigneur, était souverain dans ce fief, les droits du suzerain réservés.

Il l'administrait par des officiers dont les principaux étaient :

Le châtelain que je viens de mentionner ;

Et le maire, prévôt ou bailli chargé d'en percevoir les fruits et revenus et de rendre la justice aux vassaux.

Au-dessus de la souveraineté seigneuriale se trouvait la souveraineté royale. Mais la faiblesse de la royauté et le relâchement de tous liens d'autorité et de discipline qui en fut la conséquence firent que cette suprématie ne fut, pendant un certain temps, qu'une simple formule.

Le roi avait un domaine et non un royaume ; et ce domaine était administré de même que tout domaine seigneurial.

Comme le seigneur, le roi avait ses châtelains, officiers militaires, et ses maires ou prévôts, officiers fiscaux et judiciaires.

Primitivement il se trouvait directement en rapport avec eux. Mais Philippe-Auguste, par l'institution, sous le nom de baillis, de nouveaux officiers auxquels il subordonna ses châtelains et ses maires ou prévôts, créa un intermédiaire entre le roi et ces anciens officiers. Le domaine royal se trouva alors divisé militairement, fiscalement et judiciairement en bailliages, c'est-à-dire circonscriptions de l'office des baillis, relevant directement de la Cour du roi ou Parlement, et en châtellenies et mairies ou prévôtés, c'est-à-dire circonscriptions de l'office des châtelains et des maires ou prévôts, ressortissant aux bailliages.

La puissance venant fortifier le droit, la royauté reprit sa place dans la société féodale.

Par l'évocation des *cas-royaux* et les appels comme d'abus, la juridiction des officiers du roi s'étendit insensiblement et finit par s'imposer, comme souveraine, à la juridiction des officiers des seigneurs. Les mairies ou prévôtés et les bailliages royaux, de circonscriptions judiciaires particulières qu'ils étaient à l'origine, devinrent ainsi des circonscriptions judiciaires publiques.

Son action, son autorité, se substituant bientôt à toute autre, la royauté se trouva par cela même seule tenue du soin d'assurer la sécurité à l'intérieur et contre l'extérieur. Ses charges en furent nécessairement augmentées ; mais les populations qui y étaient intéressées durent y contribuer de leur personne et de leur argent. Il se forma donc, sans autre règle que les convenances du moment, des circonscriptions militaires et financières publiques.

Tout cela, on le comprend de reste, ne se fit que lentement, progressivement, avec des vicissitudes sans nombre dont la relation m'entraînerait trop loin. Mais, quand le royaume de France fut reconstitué et organisé comme il était au siècle dernier, il se trouva divisé :

Judiciairement, en Bailliages ;

Financièrement, en Généralités et élections ;

Militairement, en Gouvernements.

V.

On a vu, par les faits rappelés sous les trois premiers paragraphes, que les *pays* sont les territoires des comtés francs, que ces comtés ou *pagi* francs n'étaient autres que les *pagi* gallo-romains et que ces derniers *pagi*, ou tout au moins le plus grand nombre, n'étaient autres eux-mêmes que les territoires des *pagi* gaulois : d'où la conséquence que les *pays* sont la représentation territoriale des *pagi* gaulois.

Donc délimiter un *pays* et un comté ou *pagus* franc, c'est en même temps reconstituer un *pagus* gallo-romain et le territoire d'un *pagus* gaulois.

Or, cette délimitation est possible et même facile ; en voici la raison :

La situation d'une localité s'indique par la désignation de la contrée, de la province dans laquelle elle se trouve.

Au temps où la Gaule était encore indépendante, on devait dire : ... située sur le territoire de telle *Confédération*, de telle *civitas*, de tel *pagus* ; durant la domination romaine : dans telle *provincia*, dans telle *civitas*, dans tel *pagus*.

Sous les rois francs on disait : en tel duché et, en premier lieu en tel *pagus*, plus tard en tel comté ou tel *pays*, ces trois mots représentant la même circonscription territoriale. — Cette dernière expression : en tel *pays* fut sur la fin employée à peu près exclusivement.

La féodalité créa de nouvelles circonscriptions civiles et politiques ; mais elles étaient si arbitraires, si instables, si multipliées, que leur dénomination eût produit une confusion inextricable. Aussi l'usage continua-t-il à indiquer le *pays*, c'est-à-dire le territoire de l'ancien comté.

Dans la suite et alors que la France était régulièrement divisée en Bailliages, Généralités et Élections, Gouvernements, il en fut de même, de façon moins générale sans doute, mais très-fréquemment encore.

De nos jours même ne distingue-t-on pas quelquefois le *pays* ?

Cette persistance dans l'indication du *pays* ne doit point étonner, à tout prendre, si l'on considère qu'entrée depuis une époque immémoriale dans les relations, les habitudes, la vie des populations, cette circonscription territoriale était devenue comme une véritable *région naturelle* sur laquelle les vicissitudes politiques et administratives ne pouvaient plus avoir d'action.

Les mentions de *pagus*, de comté, de *pays*, sont donc très-communes dans les titres publics et privés à partir de la fin du vi° siècle.

Il suffit par suite de les relever pour connaître, d'une manière pour ainsi dire authentique, toutes les localités situées dans ce *pagus*, comté et *pays*, et par cela même ses limites.

Ces limites obtenues, on se trouve avoir, avec autant de vraisemblance que possible, celles du *pagus* gallo-romain et du territoire de *pagus* gaulois que ce *pays* représente.

Seulement que l'on y prenne garde!...

Le mot *pagus*, qui désignait et la peuplade gauloise et une division administrative gallo-romaine, était aussi employé avec le sens de bourg, village. — Faute de renseignements suffisants la confusion est quelquefois à craindre.

Le mot *pays*, en latin *pagus*, qui primitivement n'avait point d'autre signification que celle de territoire du comté, fut appliqué dans la suite, par une extension dont il existe plusieurs analogues, à des portions de ce même territoire. — Que ces *pays*, que je dirai *minores* pour me conformer à l'usage, rappellent ou non des subdivisions de *pagi* gallo-romains et de territoires de *pagi* gaulois, là n'est point la question. Ce qu'il importe c'est de pouvoir distinguer, au milieu de ces diverses circonscriptions qualifiées *pays*, celles qui représentent les *pagi* gallo-romains et les territoires des *pagi* gaulois, en d'autres termes les *pays majores*.

En ces deux points on rencontre souvent de certaines difficultés à se prononcer; et il faut, pour le faire avec quelque certitude, outre la dénomination *pays*, *pagus*, un concours de circonstances, un ensemble de faits particuliers qui ne se trouvent pas toujours aussi décisifs que pour le PAYS NOYONNOIS, ou le NOYONNOIS.

DEUXIÈME PARTIE.

—

LE NOYONNOIS

DEUXIEME PARTIE

—

LE NOYONNOIS.

CHAPITRE PREMIER.

—

DÉLIMITATION.

J'ai tracé les limites du Noyonnois au moyen des mentions du *pagus noviomagensis* ou *noviomensis*, du comté de Noyon et du *pays noyonnois* relevées dans les titres et documents que j'ai été à même de consulter.

Comme il ne m'a pas été possible d'en réunir un nombre suffisant, il se trouve quelques lacunes qu'il m'a fallu remplir par induction.

Ces limites ont été fixées par l'indication des communes et non des localités. Il peut se faire, il est vrai, que quelque dépendance d'une commune ne soit pas située dans le Noyonnois ; mais, cela étant d'une médiocre importance et ne devant d'ailleurs se présenter que très-exceptionnellement, j'ai choisi de ces deux modes de délimitation celui qui était d'une intelligence plus pratique.

Le Noyonnois confine :

Au nord avec le Vermandois et s'étend jusqu'à Frestoy (1), Muirancourt, Guiscard, Berlancourt, La Neuville-en-Beine, Frières-Faillouel, Mennessis (2), Liez et Vendeuil.

A l'est avec le Laonnois et le Soissonnois et s'étend jusqu'à l'Oise par Travecy, Quessy, Fargniers, Vouel, Viry, Condren, Chauny, Ognes, Abbécourt, Marest-Dampcourt, Apilly ; puis, en suivant sur le côté gauche de cette rivière, jusqu'à Brétigny (3), Varesnes, Pontoise, Sempigny, Carlepont, Tracy-le-Val, Tracy-le-Mont, Moulin-sous-Touvent, Autrèches, Nouvron-et-Vingré, Saint-Christophe-à-Berry, Berny et Vic-sur-Aisne.

Au sud avec le Soissonnois et s'étend jusqu'à l'Aisne par Bitry-Saint-Sulpice, Attichy, Berneuil-sur-Aisne, Rethondes et Choisy-au-Bac.

A l'ouest avec le Beauvoisis et le Vermandois et s'étend jusqu'à Le Plessis-Brion, Longueil-sous-Thourotte, Thourotte, Mélicoq (4), Machemont, Cambronne, Dreslincourt, Cambronancourt, Thiescourt (5), Plessis-de-

(1) Frénicbes, qui touche à Frestoy, à Muirancourt et à Guiscard, est situé en Vermandois : En 993 Hugues-Capet et Robert II confirmèrent à l'abbaye de Notre-Dame de Soissons la possession de l'église de *Fresnicia in pago veromandensi*, qui avait été usurpée sur l'abbaye par les comtes de Vermandois. (Dom Germain, Hist. de l'abb. roy. de Notre-Dame de Soissons.)

(2) Remigny, qui tient à Mennessis et à Liez, est en Vermandois : *quamdam terram..... in pago veromandensi sitam, in villa quæ dicitur Ruminiacus*, concédée en l'année 950 par la reine Gerberge a l'abbaye d'Homblières. (De re diplom., page 571.)

(3) Quierzy, qui tient à Brétigny, est en Soissonnois : *castellum nostrum nomine Carisiacum in pago suessionico situm*, donné par le roi Philippe I à l'évêché de Noyon vers 1070. (Cartulaire du chapitre de Noyon, f° 35.)

(4) Chevincourt, qui tient à Mélicoq, Machemont et Cambronancourt, est en Beauvoisis : Les Actes de saint Riquier rapportent un miracle qui arriva, environ le xe siècle, à *Cirinocurtis in pago belracensi*. Un nommé Martineau, qui avait commis des vols dans le manse que l'abbaye de saint Riquier possédait à Chevincourt, fut frappé d'une horrible maladie, dont il ne tarda point à mourir. (Boll. avril, f° 483, n° 3)

(5) Mareuil-Lamotte, qui tient au Plessis-de-Roye et à Thiescourt, et Elincourt-Sainte-Marguerite, qui touche à Thiescourt, sont en Beauvoisis : Par un précepte de la 31e année de son règne (924), le 4 des Calendes d'août, Charles le Simple donna à l'abbaye de Saint Corneille de Compiègne *in pago belracensi villam Morugildim cum capella, et Aquilinicurtem cum capella sancte Margarete*. (Cart. blanc de S. Corneille, page 19)

Roye, Lassigny (1), Dive, Lagny, Candor, Écuvilly et Beaulieu (2).

La plus ancienne mention du Noyonnois que j'aie trouvée remonte au VII° siècle : Par un précepte de la 6° année de son règne (666), le roi Clotaire III confirma un échange entre saint Mommolin, évêque de Noyon, et saint Bertin, abbé de Sithieu, de biens situés *tam in pago constantino quam in noviomagense*, etc. (3).

Voici maintenant les diverses mentions à l'aide desquelles j'ai tracé les limites du Noyonnois. J'en supprime un certain nombre, dépourvues d'intérêt ou n'étant que des répétitions, principalement pour les derniers temps :

Clotaire III, dont je viens de parler, donna à l'abbaye de Saint-Médard de Soissons *villam Bernacum* (Berny) *sitam in pago noviomensi super fluvium Axonam* (4).

Saint Amand, mort en 679, venant de Barisis à Compiègne trouver le roi Dagobert II, s'arrêta, au dire de ses Actes, à *Melincotum* (Mélicoq) *in pago noviomensi*, et il y ressuscita le fils d'une pauvre veuve chez laquelle il avait trouvé l'hospitalité (5).

Le 2 mai 708, Darmond vendit à l'abbaye de Saint-Bertin.... *similiter et in Appilliaco* (Apilly) *super fluvio Ysara duas partes sitam in pago noviomensi, seu in Diva* (Dive) *et Corbunaco* (?) *duas partes ad integrum*, etc. (6).

On lit dans les *Ann. bened.* (7) en 753 : *Existebat*

----

(1) Amy, qui tient à Lassigny et à Candor, est en Vermandois : L'évêque de Noyon, Hadulphe (855-877) donna à son Chapitre *in vermandensi pago ecclesia de Amedeio*. (Décl. de Gui, trésorier, au cartulaire du Chap. de Noyon, folio 28.)

(2) Erchen, qui tient à Beaulieu, est en Vermandois : Dans le partage des prébendes entre les chanoines de Noyon, dont je parlerai plus loin, on lit : *Ercehum habent XII canonici pro annona vermandense*.

(3) *De re diplom.*, page 606.

(4) L'abbé Pécheur, en ses Ann. du dioc. de Soissons, t. I.

(5) Boll. 1er février, n° 18.

(6) Cart. de S. Bertin; Folquin, 1re partie, liv. 1, p. 40.

(7) T. II, p. 161.

tunc temporis in pago noviomensi Britanniacum seu Brittinnacum (Brétigny) *monasterium ad Isaram fluvium,* etc.

On verra plus loin (1) que le synode réuni à Noyon en l'année 814 laissa à l'évêché de Noyon les paroisses suivantes situées sur la rive gauche de l'Oise, *in pago noviomensi* : *Varina* (Varesnes), *Urbecampus* (Ourscamp), *Tropiacus* (Tracy-le-Val et Tracy-le-Mont), *Jerusalem* (Carlepont?), *Herbaudianisus* ou *Sanctus-Leodegarius* (Saint-Léger-aux-Bois).

En 823, Berthe, fille de Charlemagne, donna à l'abbaye de Saint Médard de Soissons *villam Bernogellum* (Berneuil-sur-Aisne) *in pago noviomense super fluvium Axona* (2).

Le 2 août 827, l'empereur Louis le Débonnaire donna à la même abbaye celle de Saint-Etienne de Choisy-au-Bac, *monasterium cujus vocabulum est Cauciacum... in pago noviomensi super fluvium Axonam* (3).

Par un diplôme de la 22e année de son règne (862) Charles le Chauve donna à l'abbaye de Saint-Denis *villam cognomento Bonam Mansionem in comitatu noviomensi super fluvium Accinæ sitam.* (Les Bons-hommes, anciennement la Bonne Maison, commune de Choisy-au-Bac) (4).

Au nombre des biens dont le même roi dota l'abbaye de Saint-Corneille de Compiègne, en la fondant le 3 des nones du mois de mai de la 37e année de son règne (877), se trouvait *in pago noviomensi villulam quæ dicitur Bonas Mansiones* (les Bons-hommes?) (5)

En 893, le roi Eudes confirma à l'abbaye de Saint Médard de Soissons la possession de *Biterium* (Biéry-

(1) Chap. III. le Pagus noviomagensis.
(2) *De re diplom.,* page 514.
(3) Acta SS. B., sæc. 4, part. 1.
(4) Blaeu, (Atlas, art. Noyon). cité par M. de la Fons dans ses Rech. hist. sur Noyon et le Noyonnais, p. 179.
(5) *De re diplom.,* page 401.

Saint-Sulpice et Saint-Pierre lès-Bitry) *in comitatu novio-mensi cum duabus ecclesiis* (1).

Le roi Charles le Simple confirma, en 917, à l'abbaye de Saint-Corneille, dont les titres avaient été détruits par un incendie, la possession de...... *et in noviomensi pago in villa Senesicurte* (Sénicourt, à Chauny ?) *de manso uno quam dedit eis præpositus Wanilo; in eadem namque pago de villa Mammacas* (Montmacq) *quam dedit Odo rex Sancto Cornelio ad luminaria* (2).

Antérieurement à 933, Oduiz donna à l'abbaye de Saint-Éloi de Noyon *quiddam... in noviomensi pago et in villa Scuviliaco* (Ecavilly) *nuncupata situm ,... et in prædicto pago et in villa Sichericurte super Versam* (Siécourt, commune de Muirancourt) *mansum unum* (3).

La *Déclaration de Gui*, trésorier du Chapitre de Noyon, décédé en 1039, contient les énonciations suivantes (4) :

Hic (Walbert, évêque de Noyon, 932-937) *emit a quodam Hilduino in noviomagensi pago quamdam villam Caneloniscurtem* (Canectancourt) ... ;

Auxit quoque (l'évêque Lyndulphe Ier, 977-989) *bonis canonicorum Beloniscurtem* (Béthancourt-en-Vaux) *in noviomagensi pago...;*

Amalricus quoque miles atque Oda, sua uxor, Spinetum villam (Epinoy, commune d'Evricourt) *in noviomensi pago eisdem canonicis largiti sunt...;*

Et in eodem pago in villa que dicitur Laciniacus (Lassigny), *Hernardus advocatus cum sua conjuge Emma omnem hæreditatem suam quam ibi optimam possidebant memoratis canonicis concessere...;*

Et in noviomensi pago susceperunt idem canonici bonas terras et optimas vineas, dono Rainelmi militis pro sua et filii sui Hilduini clerici anima, in Cambe-

<hr>

(1) *De re diplom.*, page 557.
(2)   *Id.,*   — 561.
(3)   *Id.,*   — 557.
(4) Cart. du Chapitre de Noyon, folio 25.

rona (Cambronne) *et Bisincort (Bezincourt, commune de Sermaize)...* ;

Et in eodem pago in villa que dicitur Laciniacus eisdem canonicis Gameno, miles de Braio, hereditatem suam concessit... ; *et in Marisco (Marest-Dampcourt) Wibertus presbyter et custos terras quas ibi possidebat et vi nas in Noveron (Nouvron, commune de Nouvron-et-Vingré ?), et Waltilmus presbyter et canonicus hereditatem suam in Bucedrio (Bussy), et Waltelmus quoque thesaurarius et diaconus hospites et bonas terras in Camiaco (Quesmy) et Moirincort (Muirancourt)...*

Dans une charte de l'année 1124, Simon Ier de Vermandois, évêque de Noyon, rappelle que Baudry, l'un de ses prédécesseurs, a donné à l'abbaye de St-Martin, de Tournai : *quamdam capellulam in pago noviomensi in honore Sancti Amandi constructam* (1). Le prieuré de Saint-Amand se trouvait sur le territoire de Machemont.

Dans le partage des prébendes, qui eut lieu entre les chanoines de Noyon en l'an 1176 (2), on lit :

.....Habent XII canonici... grangiam de Mal (?) et Dimelam (?) cum minuta decima pro (annona) noviomense ;...

Et... totam vallem de Magni (Guiscard) pro noviomense ;...

...Draslincurth (Dreslincourt) cum molendino pro noviomense ;...

...Tihercurt (Thiescourt) Canetencurth (Canectancourt), Divetam (Divette) et molendinum de Spineto (Épinoy, commune d'Évricourt), Apelli (Apilly) et Haironval (Hérouval, communes de Grandrû et de Mondescourt) pro noviomense ;...

.... Viri (Viry), Guincurth (Guyencourt, commune

de Villequier-Aumont), *Bagain* (?), et *de Flarescort* (?,
II *modios frumenti et* II *avene, Roures* (?) *et* V *modios
frumenti adductos de valle Relliloci* (Beaulieu), *et Loceni*
(Lassigny) *pro noviomense,* etc.

Hériman, abbé de Saint-Martin de Tournai (1127-
1147), commence ainsi sa relation de l'établissement du
prieuré de Saint-Amand de Machemont : *In pago noviomense prope castrum quod dicitur Torota* (Thourotte),
ecclesiolam unam in honore Sancti Amandi constructam
etc. (1)

On apprend par le cartulaire de l'abbaye de Nogent-
sous-Coucy (f. 49), que Manasses de Chauny possédait
une terre *in vicinio terrrarum Beate Marie de Nogento
que sunt apud Moniscurtem* (Mondescourt) *in noviomensi pago.* (2)

Nicolas de Nancel, médecin et érudit, né à Tracy-le-
Val ou Tracy-le-Mont en 1539 et mort en 1610, signait
sur ses ouvrages latins : *Nicolaus Nancelius Trachyenus
Noviodunensis,* c'est-à-dire Nicolas Nancel, natif de
Tracy en Noyonnois.

On m'a communiqué un Mémoire, imprimé en 1732,
pour Laurent Louis Taffereau, seigneur de *Travecy en
Noyonnois,* contre Alexis Tardieu et autres.

Les limites du Noyonnois ou *pays noyonnois* et du
comté de Noyon ou *pagus franc noviomagensis,* telles
que je viens de les établir, sont, suivant toutes les vraisemblances, celles que devaient avoir le *pagus gallo-
romain noviomagensis* et le territoire du *pagus gaulois
Noviomisus.*

(1) Narr. restaur. Abb. S. Martini Tornac. (Spicil. t. 12).
(2) Lancelot, Pagi et Pagelli : B. J. S. F. 339.

CHAPITRE II.

LE *NOVIOMISUS*.

Le nom du *pagus* gaulois, dont le territoire est représenté par le Noyonnois, est seulement connu dans sa forme latine, *Noviomisus*. (1) Mais sous cet aspect étranger, sa nationalité apparait dans le préfixe *Novio* (2).

Le chef-lieu de ce *pagus*, quittant son propre nom que l'on ignore aujourd'hui, prit sous la domination romaine celui du *pagus* lui même, *Noviomagus*.

Je ne crois pas que l'on puisse mettre en doute l'origine gauloise de cette ville, actuellement Noyon. On a prétendu, il est vrai, (3) quelle est romaine et est due à un camp, celui *d'un corps de troupes de Lètes Bataves-Condrinoises postées à Noyon... Il était campé vraisemblablement, partie sur la montagne dite de Saint-Siméon.... partie au pied de cette montagne du coté de l'occident, dans l'emplacement occupé aujourd'hui par l'église cathédrale et par les rues adjacentes.* Mais c'est une erreur : car il est certain que *Noviomagus* existait déjà lorsqu'une fraction de la nation des *Batavi* vint s'établir dans le *pagus Noviomagensis*. — En effet cet établissement n'a pu avoir lieu au plus tôt que sur la

---

(1) On sait qu'en 853, l'évêque Immon, l'abbé Adalard, etc, furent envoyés comme *missi dominici, in Noviomiso... pago.*

(2) Ce préfixe, dont la signification est ignorée, se retrouve dans *Noviodunum*, nom de trois villes gauloises mentionnées par César et appartenant aux *Civitates* des *Suessiones*, des *Ædui* et des *Bituriges.*

(3) Dom Grenier. Introd. à l'Hist. gén. de la prov. de Picardie, page 148.

fin du III° siècle et bien avant, *Noviomagu* est indiqué (1) comme étant l'une des stations de la voie construite par Septime-Sévère et Caracalla, entre Reims et Amiens, et qui fut achevée en l'année 212, ainsi qu'on le verra plus loin.

Contra-Aginnum, Condren, dont l'existence est constatée dès les premiers temps de la domination romaine, était vraisemblablement une autre ville du *Noviomisus*.

Que l'on ne s'étonne point de ne trouver dans les Mémoires de César sur la guerre de la Gaule, aucune mention du *Noriomisus*, de son chef-lieu ni de *Contra-Aginnum* ! César n'a pas cité toutes les villes gauloises, et il n'a parlé que très-incidemment des *pagi*, dont il en nomme seulement deux, le *Tigurinus* et le *Verbigenus*, appartenant à *la civitas* des *Helvetii*. (2) A-t-il même indiqué toutes les *civitates*?

A quelle *civitas* appartenait le *Noviomisus*? Il est évident qu'en raison de sa situation, ce ne pouvait être qu'à la *civitas* des *Veromandui*, à la *civitas* des *Suessiones* ou à la *civitas* des *Bellovaci*.

I. Le *Noviomisus* dépendait-il de la *civitas* des *Veromandui*?

A l'appui de cette opinion, on présente un fait d'une certaine signification, à savoir : la translation faite, en l'an 531, par saint Médard du siége de l'évêché de Vermand à Noyon. Si saint Médard, a-t-on dit, a transféré le siége de l'évêché de Vermand à Noyon, c'est que Noyon et la contrée dont il était le chef-lieu étaient compris dans cet évêché ; et puisque le Noyonnois était compris dans l'évêché de Vermand, c'est que le *pagus noviomagensis* avait fait partie de la *civitas* gallo-romaine des *Veromandui*, — évêchés et *civitates* gallo-romaines ayant la même circonscription territoriale —, et que, suivant toute appa-

(1) *Itiner*. dit d'Antonin.
(2) Voir pages 2 et 3.

rence, le *Noviomisus* appartenait à la *civitas* gauloise des *Veromandui*.

Mais de ce fait que le Noyonnois dépendait de l'évêché de Vermand, il résulte seulement que le *Noviomagensis* était l'un des *pagi* de la *civitas* gallo-romaine des *Veromandui*, rien de plus; et si le *pagus noviomagensis* était compris dans la *civitas* gallo-romaine des *Veromandui*, c'est, peut-on répondre, que le *Noviomisus*, démembré de l'une des *civitates* gauloises voisines, des *Suessiones* ou des *Bellovaci*, aura été réuni à la *civitas* gauloise des *Veromandui* pour former cette *civitas* gallo-romaine des *Veromandui*.

Le peu d'importance de la *civitas* gauloise des *Veromandui* permet-il d'ailleurs d'admettre que le *Noviomisus* en ait fait partie? Cette *civitas* n'a fourni à la grande ligue des *Belgæ*, de l'an 57, qu'un contingent de 10,000 hommes, peut-être même moins (1). Suivant toute vraisemblance, le contingent était en rapport avec la population et par suite avec le territoire de chaque *civitas*; or il n'est point douteux qu'il aurait été plus élevé pour les *Veromandui*, si le *Noviomisus* leur avait appartenu.

On objecte, il est vrai, que le territoire de la *civitas* gauloise des *Veromandui* étant presqu'entièrement couvert de bois, sa population pouvait ne pas être en rapport avec ce territoire. Mais rien ne prouve que le territoire des *Veromandui* ait été plus boisé, par exemple, que celui des *Suessiones* ou des *Bellovaci*. La seule chose incontestable, c'est qu'au nord et au nord-est du *Noviomisus* s'étendait une vaste forêt, l'un des prolongements de l'Ardenne, formant limite naturelle entre le territoire de ce *pagus* et celui de la *civitas* des *Veromandui*. — C'est de la réunion du *Noviomisus* à cette *civitas* que dateraient les premiers défrichements de la forêt dont les Grandes-Beines et la Bonvresse étaient et sont les vestiges.

(1) *Remi dicebant... polliceri millia armato... Caletos X millia; Velocasses et Veromanduos totidem.* (César. Mém. liv. 2, ch. 4). Voir plus loin les notes du paragraphe iii.

On a repoussé la proportionalité des contingents en faisant observer que celui des *Ambiani*, par exemple, n'était également que de 10,000 hommes, *Ambianos X millia*, tandis que le territoire de cette *civitas* avait une étendue considérable. Mais connait-on bien ce territoire?

Quoiqu'il en soit, je reconnais que l'attribution du *Noviomisus* à la *civitas* des *Verbmandui* présente une certaine vraisemblance, et mérite l'attention de tout esprit sérieux.

II. Ceux qui prétendent, (1) et, je l'avoue, j'ai été longtemps du nombre, que le *Noviomisus* faisait partie de la *civitas* gauloise des *Suessiones*, se fondent sur un passage des Mémoires de César sur la guerre de la Gaule, qui atteste l'étendue du territoire de cette *civitas*, et sa puissance; le voici : *Remi dicebant... Suessiones... latissimos feracissimosque agros possidere; apud eos fuisse regem nostra etiam memoria Divitiacum, totius Galliæ potentissimum, qui quum magnæ partis harum regionum, tum etiam Britanniæ imperium obtinuerit...; oppida habere numero XII; polliceri millia armata quinquaginta.* (2).

Mais, tout bien réfléchi, quelle que soit la portée que l'on veuille donner à ce passage, on ne peut en rien conclure en faveur de cette opinion. En effet :

Si l'on considère la *civitas* gauloise des *Suessiones* dans les *pagi* qui, par leur situation, devaient nécessairement en dépendre, tels que le *Suessionicus* ou Soissonnois, le *Tardanisus* ou Tardenois, le *Vadisus* ou Valois, l'*Urcisus* ou Orceois, sans y comprendre même, si l'on veut, le *Silvanectus* ou Senlisis qui, tout porte à le croire cependant, en a été démembré dans la suite pour former une *civitas* particulière, n'a-t-on pas déjà un territoire

(1) M. Noel de la Forte Maison en ses Antiquités de Noyon et autres.
(2) Liv. 2, ch. 4.

suffisamment étendu et fertile, *latissimos feracissimosque agros?* Est-il donc indispensable d'y joindre le *Noviomisus?* Non, on en conviendra.

Que le roi Diviliacus ait momentanément placé sous la
domination de la *civitas* des *Suessiones* (*sub imperio, in
clientela*) certaines des *civitates* voisines : les *Bellovaci,*
les *Veromandui,* les *Ambiani,* etc., quelques peuples
habitant les côtes de la Grande-Bretagne, cela prouve-t-il
que le *Noviomisus* ait été l'un des *pagi* de cette *civitas?*
Non, évidemment.

Comme on le voit, rien dans ce passage de César,
absolument rien, ne peut faire présumer que le *Noviomisus* ait appartenu à la *civitas* des *Suessiones*... Et, il
faut bien le dire, ce passage est le seul argument un
peu sérieux que l'on puisse mettre en avant !

Quant à la distraction du Noyonnois de l'évêché de
Soissons et à sa réunion à l'évêché de Vermand qui, pré-
tend on ensuite dans ce système (1), auraient été effec-
tuées par le roi Clotaire I, je ne les mentionnerai que
pour faire observer qu'à l'époque assignée à cet événement, l'année 531, le Noyonnois était compris, depuis
longtemps déjà, dans ce dernier évêché. En voici la
preuve écrite :

Fortunat, mort vers 609, dans sa Vie de saint Médard (2), fait connaître en ces termes l'origine de la famille de ce dernier et la contrée où elle était établie :
Quorum (cette famille) *in veromandensi territorio et
habitatio fuisse dignoscitur et origo.* Dans un autre passage, il rapporte que *cum transisset* (le roi Clotaire I)
*fluvium cujus vocabulum est Sumina... pervenientes
inter castellum quod fertur Noviomagum et Isaram flu-*

(1) M. Moet de la Forte Maison en ses Antiquités de Noyon. Cette
prétendue distraction n'a d'autre fondement que cette phrase, écrite
au 12ᵉ ou au 13ᵉ siècle, par un chanoine anonyme de Laon : *Fuerat
autem* (Noyon) *castrum suessionense,* et rapportée par Cl. Emméré
(Aug. Verom. illust.) ; rien de plus !

(2) Spicil. t. 8.

vium... ad villam S. Medardi, Sellentiacum (Salency) quæ dicitur, occurrerunt viro sanctissimo...

Radbod II, évêque de Noyon (1068-1098), dans sa Vie de saint Médard (1), dit de son côté : *Medardus... apud Salentiacum (Salency) hereditariam prædecessorum suorum possessionem, natus atque altus. Est autem prædium illud Salentiacus in episcopatu situm viromandensi, in regione autem noviomensi.*

Le Noyonnois, dans lequel est situé Salency , faisait donc partie de l'évêché de Vermand avant la naissance de saint Médard, qui eut lieu vers 456, et par suite antérieurement à l'année 531.

On a bien dit aussi que Noyon était la ville des *Suessiones, Noviodunum,* dont César fait mention au livre 2 de ses Mémoires (2). Mais il faudrait le prouver, et c'est ce qui n'a pas encore été fait et très-probablement ne le sera jamais.

On remarquera enfin, en passant, que le *Noviomisus* se serait trouvé isolé du surplus du territoire de la *civitas* des *Suessiones* par une vaste forêt dont j'aurai occasion de parler plus loin.

III. Le *Noviomisus* dépendait-il donc de la *civitas* des *Bellovaci?*

Ce n'est qu'avec hésitation et avec une réserve que l'on comprendra , que je vais faire connaître les raisons qui me portent à le présumer. Cette nouvelle attribution repose sur un mot écrit par César, *finitimis ;* et je ne me dissimule pas que cette base est bien fragile en présence de la vraisemblance qui milite si fortement en faveur de la *civitas* des *Veromandui.*

César nous apprend, dans ses Mémoires (3) , qu'après la prise d'Alesia, 52 ans avant J.-C. , il cantonna deux

(1) Boll. 7 juin.
(2) Chap. 12; *Cæsar...in fines Suessionum,... exercitum duxit et, magno itinere confecto, ad oppidum Noviodunum contendit.*
(3) Liv. 7, chap. 90.

légions, sous le commandement de C. Fabius et de L. Minucius Basilus, *in Remis, ne quam a finitimis Bellovacis calamitatem accipiant.*

Les *Remi* et les *Bellovaci* étaient donc limitrophes, *finitimis!*... (1). Or, ils ne pouvaient l'être qu'autant que le *Noviomisus* aurait dépendu de la *civitas* des *Bellovaci*, et le *Laudunisus*, — dont le territoire est représenté par le Laonnois, — de la *civitas* des *Remi*, ces deux *pagi* se confinant. Sauf, sur ce point, les *Remi* et les *Bellovaci* étaient séparés par les *Suessiones.*

Le Laonnois faisant encore partie au v⁰ siècle de l'évêché de Reims (2), le *pagus laudunensis* avait dû nécessairement dépendre de la *civitas* gallo-romaine des *Remi*; et de ce que le *pagus laudunensis* était compris dans la *civitas* gallo-romaine des *Remi* on peut conclure, en toute assurance, que le *Laudunisus* avait appartenu à la *civitas* gauloise des *Remi*, dont le territoire, après la conquête, n'avait certainement pas été démembré, — cette *civitas* ayant donné trop de témoignages de son dévouement à la République romaine (3).

L'ensemble et les détails des événements militaires que César a rapportés dans le 2⁰ livre, du chapitre 5 au chapitre 12, de ses Mémoires établissent d'ailleurs, d'une manière incontestable, que le *Laudunisus* faisait partie de la *civitas* des *Remi.*

Donc, cela étant, le *Noviomisus* dépendait de la *civitas* des *Bellovaci.*

Mais, je dois l'avouer, en considérant que le point sur

(1) Le mot *finitimus* de *finis*, borne, frontière, limites, ne peut avoir d'autre signification que celle de limitrophe, contigu; c'est le synonime exact de *confinis.*

Dans les huit livres des Mém. sur la guerre de la Gaule, ce mot est employé 42 fois, et toujours avec le sens plus ou moins accusé, mais incontestable, de limitrophe.

(2) On sait que c'est en 498 que le Laonnois fut détaché de l'évêché de Reims pour former un nouvel évêché, celui de Laon.

(3) ...*Remos, quos præcipuo semper honore Cæsar habuit.* (liv. 5, ch. 54) — *Remi... quod amicitiam Romanorum sequebantur.* (liv. 7, chap. 63).

lequel confinent le Noyonnois et le Laonnois ne représenterait qu'une portion relativement peu considérable des territoires des *Remi* et des *Bellovaci*, je me suis demandé si cette contiguïté, constatée par le mot *finitimis*, n'aurait pas eu lieu moins par le propre territoire des *Remi* que par celui des *Suessiones*, que des liens de diverse nature rattachaient aux *Remi* et qui effectivement étaient, sur une grande étendue de leurs frontières, limitrophes avec les *Bellovaci* : — *Remi dicebant... Bellovacos... Suessiones suos esse finitimos* (1).

Certains passages des Mémoires de César pouvaient, dans une certaine mesure, le laisser supposer. Ainsi :

Au livre 2, chapitre 3, on lit : *Qui dicerent...* (les envoyés des *Remi*) *tantum que esse eorum omnium furorem, ut, ne Suessiones quidem, fratres consanguineosque suos, qui eodem jure et eisdem legibus utantur, unum imperium unumque magistratum cum ipsis habeant, deterrere potuerint, quin cum his consentirent*. Ne devait-on pas conclure de là qu'à l'époque de l'invasion romaine, les *Remi* et les *Suessiones* ne formaient qu'une seule et même *civitas?* — Mais les faits démontrent irrécusablement qu'il n'y avait entre eux qu'une de ces alliances politiques si communes dans la Gaule et toujours subordonnées à l'intérêt du moment. Ne voit on pas en effet, au début de l'invasion, les *Remi* pactiser avec l'étranger et essayer d'entraîner les *Suessiones*, et ceux-ci, repoussant leurs excitations, prendre les armes sous leur roi Galba ; durant la lutte, les *Remi* être les auxiliaires dévoués des Romains, et les *Suessiones* rester fidèles à la cause nationale ?

Dans le récit de la campagne contre les *Bellovaci*, qui eut lieu en l'an 52 avant J.-C., les *Suessiones* sont dési-

(1) Livre 2, ch. 4.

gnés comme étant *attributi* aux *Remi* : *qui Remis erant attributi* (1). Ils l'avaient été, suivant toute vraisemblance, à la suite de la première campagne contre les *Belgæ*, de l'an 57, César les punissant ainsi de leur conduite, qu'il devait regarder comme une trahison envers les *Remi*, et par cela même envers lui.

Si le mot *attributi* avait réellement la signification d'annexés, d'incorporés, qui lui a été donnée par quelques traducteurs (2), les *Remi* auraient été en effet limitrophes avec les *Bellovaci* par le territoire des *Suessiones*, et le mot *finitimis* s'expliquerait de cette façon.

Mais l'*attributio* n'était qu'une sujétion, une subordination politique, sans annexion ni incorporation de territoire. La *civitas attributa* conservait son existence propre, son autonomie. Seulement elle se trouvait dans une situation de dépendance, souvent plutôt nominale qu'effective, à l'égard de la *civitas* à laquelle elle était *attributa* ; en un mot elle en devenait la *cliente*,— cliente forcée, il est vrai. Les *Suessiones*, bien qu'*attributi* aux *Remi*, n'en continuèrent pas moins à former une *civitas* : Sur l'injonction faite à toutes les *civitates, cuique civitati*, ils fournirent leur contingent de 5,000 hommes à l'armée qui devait aller au secours d'Alesia assiégée : *Imperant... Suessionibus quina millia* (3).

Que l'on se rappelle aussi que les *Remi*, en annonçant à César l'entrée en campagne des *Bellovaci* et de leurs alliés, lui marquent que ceux-ci menacent le territoire des *Suessiones*, leurs *attributi*, et non le leur, à eux *Remi...* *ut omni multitudine in fines Suessionum, qui Remis erant attributi, facerent impressionem* (4)! Il y avait donc

(1) Liv. 8, ch. 6.
(2) M. Artaud, entre autres.
(3) Liv. 7, ch. 75.
(4) 8, 6.

une distinction entre le territoire des *Suessiones* et celui des *Remi* (1).

Mais tout en reconnaissant que le mot *finitimis* ne peut point avoir d'autre signification que celle de limitrophes, et *attributi* celle d'assujettis, subordonnés, — ce qu'il me semble difficile de ne pas faire, — on objectera peut-être :

Que César savait les *Bellovaci* en armes (2) et connaissait leur dessein d'attaquer les *civitas* des *Remi* ; mais qu'il ignorait s'ils commenceraient les hostilités sur le propre territoire de cette *civitas* ou sur celui de la *civitas* des *Suessiones*, son *attributa* ;

Que, dans les mesures à prendre pour repousser cette attaque, il ne séparait point le territoire des *Remi* de ce-

(1) **Deux autres** *civitates* **furent** *attributæ* **par César, les** *Boii* **et les** *Morini.*
Les *Boii*, après le désastre essuyé par l'armée helvétique, s'établirent sur le territoire de la *civitas* des *Ædui*, et lui furent *attributi : Boios, petentibus Æduis, quod egregia virtute erant cogniti, ut in finibus suis collocarent, (César) concessit (Liv.* 1, ch. 28) — *Inde |profectus Gergoviam, Boiorum oppidum, quos ibi helvetico prælio victos Cæsar collocaverat, Æduisque attribuerat,* etc. (liv. 7., ch. 9.)
Ce fut vraisemblablement à la suite de la campagne de l'an 55, que les *Morini* furent *attributi* aux *Atrebates : ipsi* (la *civitas* des *Atrebates*) *Morinos attribuerat.* (liv. 7, ch. 76.).

Sans entrer dans de grands détails, je rapporterai certains faits relatifs à ces deux *civitates*, qui confirment ce que j'ai dit de la situation des *civitates attributæ* :
Itaque cohortatus Æduos de supportando commeatu, præmittit ad Boios, qui de suo adventu doceant, hortenturque ut in fide maneant, etc. (liv. 7, ch. 10).
De re frumentaria Boios atque Æduos adhortari non destitit : quorum alteri, etc. (liv. 7 ch. 17).
Imperant...; Morinis... quino millia...; Atrebatibus iv.. *; Rauracis et Boiis XXX.* (liv. 7, ch 75).

Le mot *attribuere* se trouve, à divers temps, neuf autres fois dans les 8 livres des Mémoires sur la guerre de la Gaule ; et l'on peut s'assurer que les acceptions dans lesquelles il est pris justifient pleinemement le sens que je lui donne ici.

(2) *Bellovaci autem, defectione Æduorum cognita, qui ante erant per se infideles, manus cogere atque aperte bellum parare cæperunt.* (liv. 7, ch. 59). — *Ex his Bellovaci suum numerum non contulerunt, quod se suo nomine atque arbitrio cum Romanis bellum gesturos dicerent, neque cujusquam imperio obtemperaturos.* (liv. 17, ch. 75).

lui des *Suessiones*, les considérant au contraire, dans ses préoccupations, comme ne formant qu'un même tout, un seul ensemble à préserver;

Et que c'était avec ce tout, cet ensemble, que les *Bellovaci* sont dits par lui être limitrophes, *finitimis*.

S'il était matériellement impossible que les *Bellovaci* et les *Remi* aient été limitrophes par leurs propres territoires, directement, il faudrait bien, ne pouvant faire autrement, accepter cette explication toute éloignée et forcée qu'elle soit, et qui justifierait et au delà la renommée de concision attachée au style du général écrivain.

Mais où est l'impossibilité, je le demande? Il n'y a, que je sache, aucun fait, aucune considération géographique, politique, quelconque en un mot, qui s'oppose à ce que les territoires des *Bellovaci* et des *Remi* aient été, sur une étendue, il est vrai, peu considérable, directement limitrophes, et par suite que le *Noviomisus* ait fait partie de la *civitas* des *Bellovaci*. Je vais même plus loin, et je dis que non-seulement il n'y en a pas, mais encore que cette dépendance du *Noviomisus* de la *civitas* des *Bellovaci* fournit la seule explication acceptable de deux faits, d'une certaine importance, restés jusqu'ici en discussion, à savoir : l'étendue du territoire de la *civitas* des *Bellovaci*, et l'extension sur la rive gauche de l'Oise du Noyonnois, du Beauvoisis et du Chambliois.

Les écrivains qui donnent le *Noviomisus* à la *civitas* des *Veromandui* ou à celle des *Suessiones*, ne laissent par suite à la *civitas* des *Bellovaci* que le *pagus Bellovacus* ou Beauvoisis (1), le *pagus Camliacus* ou Cham-

---

(1) Le Rossonlois, *Rossontensis*, n'est qu'un *pagus minor*, ou subdivision du *pagus major Bellovacus* ou Beauvoisis. Ressons-sur-Matz, son chef lieu, et les localités qui le confinent sont toujours indiqué comme situés en Beauvoisis. Ainsi, entre autres :

Saint Amand, au rapport de ses Actes (Acta SS. bened.) préchant un jour la parole de Dieu, *in pago belvacinse*, s'arrêta à Ressons-sur-Matz, situé non loin de l'Aronde, *quemdam locum cui vocabulum est Rossonto juxta Aronnam*, où il fit recouvrer la vue à une vieille femme idolâtre qui s'était convertie ;

bliois (1), et le *pagus Vendoilisus* ou Vendeuillois. — Evidemment ce territoire n'est pas en rapport avec la population de la *civitas* des *Bellovaci* qui atteignait au moins 400,000 âmes, non compris les esclaves (2). Que

Gournay-sur-Aronde: *virum illustrem abbatem de Gornaco in belvacensi pago* mentionné par le moine Hugues dans sa Vie d'Hugues, abbé de Cluny. (cité par Adrien de Valois dans sa Not. Gall.).

Marcuil la-Motte et Elincourt-sainte-Marguerite : *in pago belvacense villam Morogildim cum capella et Aquilinicurtem cum capella sancte Margarete,* donnés en la 31ᵉ année de son règne (921) par le roi Charles le simple à l'abbaye de Saint-Corneille de Compiègne. (cart. blanc de S. Corneille pag. 19.)

Margny-sur-Matz : *in pago belvocense, in villa enim Matriniaco de mansis octo quos concodicerunt cum judice Rothordo,* confirmés, en 917, par le même roi à l'abbaye de Saint-Corneille, dont les titres avaient été brulés (id. pag. 21).

(1) Le Thelle, *Talloo, Telorus, Telensis,* etc. n'est également qu'un *pays minor,* ou subdivision du *pays major Camliacus* ou Chambliois. Les localités qui y sont situées sont toujours dites en *Chambliois,* entre autres :

Crouy-en-Thelle : Le roi Clovis II confirma, vers 640, la donation faite par Dagobert I à l'abbaye de St-Denis de *loco noncopante Coliraco qua est super flurium Isera in pago camiliacense.* (De re dipl. pag. 378).

Neuilly-en-Thelle : En la 17ᵉ année du règne de Thierry III (690), Vandemire donna à une abbaye de filles à Paris *Noviliaco in pago camiliacensi.* (id. p. 472).

Quant au *Bray, Bragum, Bracius,* c'était très-vraisemblablement une portion du *pagus rotomagensis,* lequel appartenait à la *civitas* des *Caletes.*

(2) La population de certaines *civitates* peut s'établir, avec toutes probabilités, par le nombre d'hommes qu'elles ont fournis à la première ligue des *Belgæ,* 57 ans av. J.-C.

Ce contingent a été pour les *Belloraci* de 60,000 hommes d'élite, pour les *Suessiones* de 50,000 hommes, et pour les *Veromandui* de 10,000 hommes : *Remi dicebant.. Belloracos... hos posse conficere armata millia, centum pollicitos ex eo numero electa millia LX;... Suessiones... polliceri millia armata quinquagenta ;..., Velocasses et Veromanduos totidem (X millia).* César, Mém., liv. 2, ch. 4.

Tout doit faire supposer que ce contingent était proportionné au nombre d'hommes que chaque *civitas* pouvait armer. Sur 100,000 hommes, les *Belloraci* en ont fourni 60,000 ; en calculant sur cette base, on trouvera que les *Suessiones* pouvaient armer 63,000 hommes environ, et les *Veromandui* de 16 a 17,000.

Si maintenant on remarque que les *civitates* des *Helvetii,* des *Tulingi,* des *Latobriges,* des *Rauraci* et des *Boii,* dont César eût à refouler l'invasion, comptaient ensemble 368,000 âmes, dont 92,000 combattants (liv. 1. ch. 29), c'est-à-dire 1 sur 4; et si, ce à quoi rien ne s'oppose, on calcule encore sur cette base, on trouvera que, par rapport au nombre d'hommes qu'elle pouvait armer, la population de la *civitas* des *Belloraci* devait être de 400,000 âmes, celle de la *civitas* des *Suessiones* de 332,000 âmes environ, et celle des *Veromandui* de 64 à 68,000 âmes, le tout non compris les esclaves.

l'on y joigne le *Noviomisus* et cette disproportion disparaît.

Une portion minime relativement du Noyonnois, du Beauvoisis et du Chambliois, se trouve sur la rive gauche de l'Oise, on s'en est étonné et, voyant là un fait plutôt ecclésiastique que politique, on a cherché à expliquer comment il se faisait que les évêchés de Noyon et de Beauvais s'étendaient ainsi au delà de l'Oise.

On a (1) supposé, particulièrement pour l'évêché de Beauvais, que *Saint-Lucien... avant d'entrer dans le Beauvaisis, aura fait quelques excursions évangéliques le long de la rive gauche de la rivière, qu'il s'y sera fait des disciples, qu'il aura continué de les visiter et de les instruire lorsqu'il aura eu choisi Beauvais pour centre de sa mission... et que l'extension du diocèse de Beauvais au delà de la rivière d'Oise, ne serait que le fruit d'une conquête évangélique commencée par saint Lucien et consommée par ses successeurs.* Il est évident que cette explication, toute ingénieuse qu'elle soit, ne saurait être admise; il en est et il en sera ainsi chaque fois que l'on prendra le même point de départ.

L'extension du Noyonnois, du Beauvoisis et du Chambliois sur la rive gauche de l'Oise a, en effet, une cause antérieure aux temps chrétiens; elle remonte à l'époque immémoriale de la démarcation des territoires entre les peuples.

Autrefois, tout ce côté de la rivière était couvert d'une immense forêt, dont celles de Saint-Gobain, de Varesnes, d'Ourscamp, de Laigue, de Compiègne, de Halatte, de Chantilly, etc., sont les vestiges. Au delà, vers l'est et le sud-est, s'étendaient les territoires des *pagi Suessionicus, Vadisus* et *Silvanectus* dépendant de la *civitas* des *Suessiones,* du *Vulcassinus* ou Vexin, etc.

(1) L'abbé Delettre, Hist. du Dioc. de Beauvais, t. I, p. 15.

Le *Noviomisus*, le *Bellovacus* et le *Camliacus*, *pagi* de la *civitas* des *Bellovaci*, occupaient le côté droit de la rivière, laquelle les séparait de la forêt.

On sait ce qu'étaient les forêts pour les populations gauloises : un des objets les plus révérés de leur culte, leurs temples, leur refuge en temps de guerre ; elles y trouvaient des ressources inépuisables pour les besoins les plus essentiels de la vie, et des occasions continuelles de chasser,— ce qui était chez elles une passion tout autant qu'une nécessité.

D'une autre part, l'occupation des deux bords d'un cours d'eau un peu important a toujours été ambitionnée par les riverains, dans l'intérêt de leur commerce et de leurs relations et communications de tous genres.

Aussi s'explique-t-on comme naturel, forcé même, que les *Bellovaci* aient traversé souvent l'Oise, aient séjourné plus ou moins longtemps, suivant les circonstances, sur la rive gauche et y aient formé des établissements qui, d'abord accidentels, à l'état provisoire, devinrent peu à peu définitifs et s'étendirent insensiblement. Qui s'y serait opposé? La forêt était au premier occupant. Les *Suessiones* ne pouvaient s'en préoccuper, séparés qu'ils étaient par de vastes profondeurs ; et d'ailleurs ne faisaient-ils pas, de leur côté, de semblables empiétements sur la forêt ?

Chaque portion de la rive gauche de l'Oise se trouva ainsi faire partie du territoire du *pagus* qui l'avait occupée : le *Noviomisus*, le *Bellovacus* ou le *Camliacus*.

Plus tard, les *pagi bellovacensis* et *camliacensis*, compris dans la *civitas* gallo-romaine des *Bellovaci*, le furent dans l'évêché de Beauvais. Quant au *pagus noviomagensis*, détaché de la *civitas* gauloise des *Bellovaci* et placé dans la *civitas* gallo-romaine des *Veromandui*, il dépendit par suite de l'évêché de Vermand, dit depuis de Noyon.

Les évêchés de Beauvais et de Noyon s'étendaient donc

au delà de la rivière d'Oise uniquement parce qu'une portion du Noyonnois, du Beauvoisis et du Chambliois se trouvait sur la rive gauche de cette rivière.

Il faut reconnaître que les choses se seraient passées de même pour le Noyonnois, si le *Noviomisus* avait aussi bien fait partie de la *civitas* des *Veromandui* que de la *civitas* des *Bellovaci*. Quant aux *Suessiones*, on sait qu'ils se trouvaient au delà de la forêt.

Mais, indépendamment du mot *finitimis* sur lequel repose cette attribution, n'y a-t-il pas aussi deux faits de la guerre de la Gaule que la dépendance du *Noviomisus* de la *civitas* des *Bellovaci* peut seule expliquer d'une manière satisfaisante? On va en juger :

Lorsque César, après la prise d'Alesia, cantonna, ainsi qu'on l'a vu précédemment, deux légions, sous les ordres de C. Fabius et de L. Minucius Basilus, chez les *Remi*, son but était de s'opposer à toute attaque que les *Bellovaci* pourraient tenter sur leur territoire, *ne quam a... Bellovacis calamitatem accipiant.* Or, si le *Noviomisus* avait fait partie de la *civitas* des *Veromandui* ou de la *civitas* des *Suessiones*, les *Remi* se seraient trouvés séparés des *Bellovaci* par les *Veromandui* ou par les *Suessiones* ; et il faut bien reconnaître que le danger n'était pas assez direct, immédiat, pour justifier les préoccupations de César. Il ignorait le point sur lequel commenceraient les hostilités? Soit. Mais alors pourquoi ne pas placer ses troupes sur le territoire des *Suessiones*, d'où elles auraient pu surveiller toute la frontière contiguë des *Bellovaci*?

Si César ne l'a pas fait, c'est qu'une portion du territoire des *Remi*, le *Laudunisus*, était accessible aux *Bellovaci* par le *Noviomisus*, qu'il le savait et qu'il devait présumer que l'attaque aurait lieu sur ce point. Aussi s'empressa-t-il de le couvrir en y envoyant deux légions.

La présence des troupes romaines contrariant leur premier dessein, les *Bellovaci* résolurent alors de porter la guerre sur le territoire des *Suessiones*, les *attributi* des *Remi*. Ce que voyant César, il ramena à lui Fabius et Minucius Basilus, devenus inutiles là où ils étaient, afin d'être en mesure de faire face aux événements qui se préparaient.

... Commius, le roi des *Atrebates*, quitta le camp gaulois pour aller chercher du renfort, *auxilia*, chez les nations germaines dont *vicinitas propinqua... esset* (1). Ce camp devait nécessairement se trouver sur le territoire de la *civitas* des *Bel.ovaci*, l'ensemble comme les détails du récit d'Hirtius ne laissent aucun doute à cet égard. D'un autre côté, les nations germaines, auprès desquelles se rendit Commius, ne peuvent être que les *Condrusi*, les *Eburones*, les *Cæræsi* et les *Pœmani* qui avaient déjà pris part à la ligue de l'an 57 (2).

Or, si le *Noviomisus* avait fait partie de la *civitas* des *Veromandui* ou de la *civitas* des *Suessiones*, le territoire de la *civitas* des *Bellovaci* se serait arrêté à peu près au cours du Matz ; et alors l'expression si précise, si particulière, — elle n'est employée qu'une seule fois dans les huit livres des Mémoires sur la guerre de la Gaule, — de *vicinitas propinqua* se comprendrait difficilement, d'autant moins même que Commius pour aller et revenir et les *Condrusi*, les *Eburones*, etc., pour rejoindre les *Bellovaci*, auraient eu à faire un détour considérable.

Il est vrai, pour tout dire, que *quorum* se rapporte peut-être à *auxilia* plutôt qu'à *Germanorum* !

(1) Voici le passage : *Paucis ante diebus ex his castris Atrebatem Commium discessisse ad auxilia Germanorum adducenda, quorum et vicinitas propinqua et multitudo esset infinita* (liv 8, ch. 7.)

(2) *Remi dicebant... Advatucos xxix millia ; Condrusos, Eburones, Cæræsos, Pœmanos, qui uno nomine Germani appellantur. arbitrari ad xl. millia.* (liv. 2, ch. 4).

La *civitas* des *Bellovaci*, à laquelle appartenait le *Noviomisus*, faisait partie de la confédération des *Belgæ*.

Elle tenait le premier rang dans la Gaule par l'étendue de son territoire, l'esprit guerrier, passé en proverbe, de sa population et son influence.

Remi dicebant... Plurimum inter eos (Belgæ) Bellovacos et virtute et auctoritate et hominum numero valere; hos posse conficere armata millia centum; pollicitos ex eo numero electa millia LX, totiusque belli imperium sibi postulare (1).

Cæsar... sese eos (les *Bellovaci*) *in fidem recepturum et conservaturum dixit; sed, quod erat civitas magna inter Belgas autoritate, atque hominum multitudine præstabat, DC obsides poposcit* (2).

... Bellovaci, quæ civitas in Gallia maximam habet opinionem virtutis, instabant (3).

Ipse (César) *quum crebris legationibus Remorum certior fieret, Bellovacos, qui belli gloria Gallos omnes Belgasque præstabant... exercitus comparare* (4).

Le gouvernement de la *civitas* des *Bellovaci* était aristocratique; néanmoins, l'élément populaire y jouait parfois un certain rôle.

Les députés qui, après la désastreuse issue de la prise d'armes de l'an 52, vinrent traiter de la soumission, rejetèrent toute la faute, la responsabilité sur la populace : elle avait, dirent-ils à César, du vivant de Corréus, plus d'autorité que le *senatus*, — *nunquam enim senatum tantum in civitate, illo vivo, quantum imperitam plebem, potuisse* (5).

(1) Liv. 2, ch. 4.
(2)   2,   15.
(3)   7,   59.
(4)   8,   6.
(5)   8,   21.

CHAPITRE III.

LE *PAGUS NOVIOMAGENSIS.*

Le *Noviomisus* fut distrait, vraisemblablement sous Auguste ou ses premiers successeurs, de la *civitas* des *Bellovaci.*

Son territoire fut réuni à celui de la *civitas* gauloise des *Veromandui* pour former la *civitas* gallo-romaine du même nom, dont il fit depuis toujours partie. La preuve s'en trouve dans ce fait que, aussi haut que l'on remonte, on voit le Noyonnois compris dans l'évêché de Vermand-Noyon, — évêché et *civitas* gallo-romaine ayant, on le sait, la même circonscription territoriale.

Point de doute que le *pagus noviomagensis* n'a éprouvé, pendant la durée de la domination romaine, aucun démembrement :

D'une part, il était d'une étendue relativement médiocre :

Et d'autre part, si on avait dû le démembrer c'eut été, de toute évidence, dans le seul but d'établir une frontière immutable entre les *civitates* des *Veromandui* et des *Suessiones,* en d'autres termes, de faire de l'Oise la ligne divisoire de ces deux *civitates.* Or, à en juger par l'évêché de Vermand-Noyon, la *civitas* gallo-romaine des *Veromandui,* s'étendait sur le côté gauche de la rivière.

Une limite naturelle existait, du reste, entre ces deux *civitates :* Ce n'était point la rivière, mais la forêt dont j'ai parlé précédemment.

4

Le *pays* noyonnois était, il est vrai, partagé entre les évêchés de Noyon, de Soissons et de Beauvais. Mais rien mieux que ce qu'il advint au Noyonnois, ne démontre que les morcellements des *pays* entre les évêchés sont la conséquence des changements survenus dans les limites de ces évêchés, et n'ont, comme on l'a voulu, aucune signification politique ni géographique. Ainsi :

Le synode de 814, laissant seulement à l'évêché de Noyon cinq des paroisses situées dans le *pays* noyonnois, sur la rive gauche de l'Oise, à savoir : *Varesnes*, *Ourscamp*, *Tracy*, *Jerusalem*, *Harbaudianisca* ou *Saint-Léger-aux-Bois*, attribua à l'évêché de Soissons toutes les autres, c'est-à-dire Brétigny, Mortmacq, Choisy, Rethondes, Berneuil-sur-Aisne, Bitry, Berny, Vic-sur-Aisne, Autrêches, Nouvron, Saint-Christophe, Berny, Attichy, Moulin-sous-Touvent, etc. — Voici le texte de la sentence synodale qui a été conservée, sans les considérants, par Flodoard (1): *His omnibus residentibus sententia ventilata est inter Vandelmarum et Rothardum episcopos de terminis parochiarum suarum, et requisitum ac definitum est quod hæc loca trans fluvium Isaram, in pago notiomensi, pertinere deberent ad parochiam ecclesiæ noviominsis, id est: Varinæ, Urbscampus, Trapiacus, Jerusalem, Harbaudianisca sive ecclesia sancti Leodegarii, cum reliquis villis ad has ecclesias convenientibus. Cætera vero loca trans supradictum fluvium, in prædicto pago, omnia pertinere deberent ad parochiam ecclesiæ suessionicæ.*

Saint-Léger-aux-Bois conservé, ainsi qu'on vient de le voir, à l'évêché de Noyon, passa plus tard dans celui de Soissons, et depuis en fit toujours partie (2).

Brétigny, attribué en 814 à l'évêché de Soissons, appar-

(1) Hist. rem.
(2) La bulle de confirmation par le pape Célestin III. de l'an 1197, des biens et priviléges de l'abbaye de la Sauve-majeure, mentionne *in suessionensi diocesi prioratus sancti Leodegarii* (Cart. de la Sauve-majeure).

tenait en 868 (1) à l'évêché de Noyon, et en dernier lieu à celui de Soissons.

Thourotte qui était encore, au XII° siècle, de l'évêché de Noyon, (2) dépendait au XIII° siècle de l'évêché de Soissons (3).

Longueil-sous-Thourotte et Mélicoq qui, situés tous les deux dans le Noyonnois, devaient à l'origine faire partie de l'évêché de Noyon, étaient déjà compris dans l'évêché de Beauvais : le premier dès le XII° siècle (4), et le second dès le XI° siècle (5).

Ces changements, que j'indique entre un plus grand nombre, dans les circonscriptions des évêchés de Noyon, de Soissons et de Beauvais, ne sont point la conséquence d'une mesure politique : Bitry, par exemple, qui, situé dans le Noyonnois, passa en 814 de l'évêché de Noyon dans celui de Soissons, faisait encore partie en 893 (6) du comté de Noyon ;

Ni de la régularisation des frontières de ces évêchés :

(1) Collielle, Mém., t. 1, p. 322.

(2) Baudoin, chancelier de l'église de Noyon, était en même temps doyen de la chrétienté de Thourotte ; il figure en ces qualités, comme témoin dans une charte de Baudoin III, évêque de Noyon (1167-1174), réglant un débat survenu entre l'abbaye d'Our-camp et Simon, fils de Pierre d'Andeu, au sujet du cours de l'Oise, *Balduino cancellario, et Thorole christianitatis decano.* (Cart. d'Ourscamp).

Le cumul par Baudoin des deux dignités de chancelier de l'église de Noyon et de doyen de la chrétienté de Thourotte, n'est point un fait anormal. L'archidiacre de Noyon, Hugues, était en même temps doyen de Péronne ; il souscrivit en ces qualités, *Hugo archidiaconus noster et decanus Peronæ,* une charte de l'évêque Étienne de Nemours, de l'année 1169, confirmant une donation faite à l'abbaye de Longpont par Rainaud de Coucy et Marie, sa femme. (Cart. de Longpont.

(3) Dans les premières années de ce siècle, la collégiale de Thourotte fut fondée par Jean de Thourotte, archidiacre de Soissons, avec l'assentiment de Nivelon de Cherisy, évêque de cette ville. (Dormay, Hist. de Soissons, t. 2, p. 289).

(4) En 1140, Eudes II, évêque de Beauvais, confirma au prieuré de Saint-Léger-aux-Bois, le patronage de la cure de Longueil-sous-Thourotte et les dîmes qui en dépendaient, *altare de Longolio descri-mesque.* (Cart. de la Santé-majeure).

(5) En l'année 1097, l'évêque de Beauvais, Ansel, donna le patronage de la cure de Mélicoq au prieuré do Choisy-au-Bac, *altare de Melliloco.* (Ann. bened., t. 5, p. 1.

(6) Voir page 20.

Varesnes, Ourscamp, Tracy, Jérusalem, Saint-Léger-aux-Bois et Brétigny se trouvent sur le côté gauche de l'Oise, et Thourotte sur le côté droit (1).

Longueil-sous-Thourotte et Mélicoq sont, il est vrai, sur la rive droite du Matz ; mais l'évêché de Beauvais s'étendait, sur la rive gauche de cette petite rivière, comprenant Chevincourt, Elincourt-Sainte-Marguerite, etc., toutes localités situées en Beauvoisis.

Ces diverses modifications n'ont donc pu avoir qu'une seule cause, la convenance ecclésiastique. Il n'est plus possible aujourd'hui de se rendre compte des nécessités de cette convenance ni des circonstances dans lesquelles elle s'est produite. Mais les faits sont là.

La *civitas* gallo-romaine des *Veromandui*, dont faisait partie le *pagus noviomagensis*, fut d'abord comprise dans la *provincia Belgica* : a *Scaldi ad Sequanam Belgica:... Veromandui* (2), — dont Trèves était la métropole. Des *Legati Cæsaris* qui gouvernèrent cette *provincia*, je ne citerai que le premier : *Helius Gracilis, Belgicæ Legatus* (3).

La *civitas* des *Veromandui* dépendit ensuite de la *Belgica secunda*, dont Reims était la métropole 4). Cette *provincia* était administrée par un *Consularis* ; elle relevait pour les finances du *Præpositus thesaurorum Triberorum* (Trèves), et du *Rationalis* établi dans la

(1) M. Graves (Préc. stat. sur le canton de Ribécourt) dit que l'Oise *passait anciennement entre le village et l'église de Thourotte*, en d'autres termes que l'église se trouvait sur la rive gauche de l'Oise. Mais c'est une erreur. Ce que M. Graves a pris pour l'ancien lit de la rivière, n'est autre que les restes des fossés qui enceignaient le château de Thourotte, ruiné depuis longtemps, et qui communiquaient avec l'Oise.

M. Graves justifiait par la situation de l'église sur le côté gauche de la rivière, la dépendance de Thourotte de l'évêché de Soissons.

(2) Pline, Hist. nat., l. 4, ch. 17.

(3) Tacite, Ann., liv. 13.

(4) Not. provinc. et civit. Galliæ. *Provincia Belgica secunda* n° XII : *Metropolis civitas Remorum......, civitas Veromanduorum*.

même ville ; et elle formait une circonscription militaire sous le commandement d'un *Dux* (1).

C'est seulement au IIIᵉ siècle que l'on commence à avoir des indications précises sur le *pagus noviomagensis*.

A *Noviomagus*, son chef-lieu, fut établie une station de la nouvelle voie de Reims à Amiens :

Durocortoro	m. p. XXVII.	l. XVIII.
Suessonas	— XXXVII.	— XXV.
Noviomago	— XXVII.	— XVIII.
Ambianis	— XXXIV.	— XXIII. (2)

A *Contra-Aginnum*, une station de la voie qui relia Reims à Therouanne :

A *Tarvenne Durocortoro* m. p. m. CIII.		
Nemetacum	—	XXII.
Camaracum	—	XXIIII.
Augusta Veromandorum	—	XVIII.
Contra Aginnum	—	XIII.
Augusta Suessonum	—	XII.
Fines	—	XIII.
Durocortoro	—	XII. (3).

On attribue généralement à Septime-Sévère et à Caracalla, son fils, la création de ces deux voies. On se fonde pour cela sur les colonnes milliaires trouvées à Vic-sur-Aisne et à Juvigny (4), qui portent les noms de ces empereurs ; la puissance tribunitienne marquée sur l'une des colonnes de Vic-sur-Aisne indique l'année 212, époque vraisemblablement de l'achèvement des travaux.

(1) Not. dign. Imperii — *Duces V :... Belgicæ secundæ*; *Consulares VI : .. Belgicæ secundæ*.
(2) *Itiner.* dit d'Antonin.
(3) Id.
(4) Dom Grenier (Introd. à l'hist. gén. de la prov. de Picardie, page 447, 448 et 461) a reproduit les inscriptions.

A la suite des discordes, des invasions, des désastres de tous genres qui ensanglantèrent le iii° et le iv° siècle, il se fit dans les Gaules une grande dépopulation. Elle affecta principalement les *civitates* des *Nervii*, des *Ambiani*, des *Bellovaci*, etc.; la *civitas* des *Veromandui* ne fut pas plus épargnée.

Pour remédier à cet état de choses, funeste aux intérêts du trésor et au recrutement des armées, les empereurs appelèrent ou reçurent sur le sol gaulois des nations barbares, et leur concédèrent, à charge du service militaire, les terres laissées incultes. (1).

Le *pagus noviomagensis* fut repeuplé par des *Batavi*. Une fraction de cette nation, dont les Francs-Saliens avaient envahi le territoire et qu'ils avaient refoulée vers l'intérieur des Gaules, vint s'établir auprès de *Contra-Aginnum*, et de là prit le surnom distinctif de *Contraginienses*.

Le *Præfectus* de ces *læti*, ainsi qu'on les appelait, avait sa résidence à *Noviomagus : In præpositura Magistri militum præsentalium :.... Præfectus lætorum Batavorum Contraginiensium Noviomago Belgicæ secundæ* (2).

On ne trouve aucune mention des subdivisions du *pagus noviomagensis*. Cependant il est vraisemblable qu'il devait en avoir, remontant peut-être quant à leurs circonscriptions, à l'époque gauloise (3).

(1) *Itaque, siculi pridem tuo, Diocletiane Auguste, jussu supplerit deserta Thracia translatis incolis Asiæ; sicut postea tuo, Maximiane Auguste, nutu, Nerviorum et Trevirorum arva jacentia latus, postliminio restitutus et receptus in lege Francus excoluit : Ita nunc per victorias tuas, Constanti Cæsar inclyte, quidquid infrequens Ambiano et Belloraco et Tricassino solo, Lingonicoque restabat, Barbaro cultore revirescit,* etc. (*Paneg. Constantio Cæs.* d'Eumène.)

(2) Not. dign. Imperii.

(3) J'ai déjà indiqué (note de la page 31 et note 1 de la page 35) une subdivision du *pagus Belloracus*, le Rossonlois, et du *pagus Camliacus*, le Thelle.

Voici maintenant une subdivision du *pagus Ambianus* ou Amiénois, le Santerre : Le 8 septembre 883, Rodin transmit à l'abbaye de Saint-Bertin la propriété de divers biens et notamment de : *in pago ambianensi, in Sanaterra, in loco qui dicitur Rosierias, (alias Roserias)* Rosières, *mensum cum curtillis..... in Coutla..... in Hundancurth..* etc. (Cartulaire de Saint-Bertin, page 128).

Contra-Aginnum, Condren, n'était-il point le chef-lieu de l'une de ces subdivisions? Ayant été ruiné, on ne sait point précisément à quelle époque, *Calniacum*, aujourd'hui Chauny, lui aura succédé.

Peut-être doit-on voir la trace de cette subdivision dans le *pays Chaunois* que l'on trouve mentionné en un titre du XII° siècle? — En 1144, Raoul Ier, comte de Vermandois, amortit au profit de l'abbaye de Longpont la grange de Crépigny, *in pago igitur calniacensi juxta Crispiniacum* (1).

Le *Noyonval* est une ancienne circonscription territoriale située dans la partie est du Noyonnois, dont on ignore l'origine et les limites. Elle est indiquée aujourd'hui par le chemin de *Noyonval* ou des *Noyonvals*, qui passe aux Loges, à Touvent, à l'arbre de Bitry, à l'est d'Attichy, etc., et que M. Graves (2) considère *comme un embranchement ou une voie secondaire dépendant de la voie romaine de Soissons à Noyon*. (Reims à Amiens.)

(1) Cartulaire de Longpont pour Héronval.
(2) Préc. stat. sur le canton d'Attichy.

CHAPITRE IV.

LE COMTÉ DE NOYON.

Le *pagus noviomagensis, noviomensis*, devenu le *comitatus noviomagensis, noviomensis*, le comté de Noyon, se trouva compris dans le *ducatus Dentelini, Denzelini, Denzileni* (1), *Dentilonis* (2), duché de Dentelin, qui embrassait toutes les *civitates* situées entre la Seine, l'Oise et l'Océan.

Il fut du nombre des *pagi* ou comtés dépendant de ce duché qui, en l'année 600, après la défaite de Dormeilles, furent abandonnés par Clotaire II, roi de Neustrie, à Théodebert II, roi d'Austrasie.

Les passages suivants de Frédegaire (3) et d'Herman de Reichenau (4), bien que le *pagus noviomagensis* ou comté de Noyon n'y figure pas nominativement, l'établissent d'une manière suffisante :

Chlotarius oppressus, vellet nollet, per pactionis vinculum firmavit, ut...; et per Sigonam et Isaram ducatum integrum Dentelini usque oceanum mare Theudebertus reciperet. Duodecim tantum pagi inter Isaram et Sigonam et mare littoris Oceani Chlotario remanserunt.

.....Modica tantum parte illi, id est XII comitatibus juxta littus Oceani, cum pacto pacis relicta.

S'il fallait en croire Richard de Wassebourg, le comte commis, sous Clovis Ier, au gouvernement du *pagus noviomagensis*, était un frère de ce roi, nommé Pricipe :

(1) Frédegaire, Chron., c. 20, 37, 38 et 66.
(2) Gesta Dagob. Dom Bouquet, t. 2, p. 258.
(3) Chron., c. 20.
(4) Patrol., t. 143, col. 128.

On lict, aussi, dit-il, (1) que le dict Clovis, promit (permit) et accorda à son frère nommé Pricipe, qui estoit comte de Noyon, laisser l'estat séculier et prendre celuy de l'Eglise.....

Il n'y a rien d'impossible à ce que Clovis ait eu un frère du nom de Pricipe et que ce frère ait été, pour une cause ou une autre, passagèrement si l'on veut, comte du *pagus noviomagensis*. Mais malheureusement Richard de Wassebourg n'indique point la source d'où il a tiré ce fait ; et on ne doit pas s'en rapporter à sa seule assertion quand on lui voit ajouter :... *et fut (Pricipe) évesque de Noyon, auquel évesché, et aux évesques successeurs, il bailla sa dicte comté qu'ilz tiennent encores de présent.*

Ce qui est plus authentique, c'est qu'au temps de Saint-Éloi, évêque de Noyon (640-659), le comte du *pagus noviomagensis* était un nommé Amalbert : *Amalberto viro illustri comiti scilicet noviomagensi* (2).

Saint Ouen, à qui est due cette indication, mentionne aussi (3) un centenier du comté de Noyon : *Modelenus quidam centenarius oppidi noviomensis colonus.*

Suivant M. de Paulmy (4), l'évêque de Noyon Edilon ne fut élu qu'en 880. *Il y eut de grandes difficultés à l'élection de ce dernier parce que Noyon avait alors un comte que le roi avait choisi pour s'opposer aux incursions des Normands. Ce seigneur prétendait être maître dans la ville et disputait toute seigneurie à l'évêque.*

M. de Paulmy ne faisant point connaître le document qui lui a fourni ce fait, je le rapporte tel quel sans avoir pu le vérifier (5).

(1) Prem. vol. des Antiq. de la Gaule belg., liv. ?, f° 61.
(2) Vita S. Eligii, auth. Audoeno (Spicil., t. 5).
(3) Id.
(4) Mélanges, vol. 11, page 309.
(5) M. de la Fons (Rech. hist. sur Noyon et le Noy. page 8) dit qu'il est question dans l'histoire d'un comte de Noyon nommé

Le comté de Noyon subsista jusqu'au jour où la féodalité le vint démembrer.

Il n'existait plus au x° siècle ; et l'indication dans une sentence rendue à Choisy-au-Bac, en l'année 1066, par le roi Philippe Ier sur des contestations entre l'abbaye de Saint-Médard de Soissons et Albéric de Choisy, *de quatuor comitatum, scilicet noviomensis...* (1) n'est qu'une réminiscence de l'ancienne province franque depuis longtemps disparue.

Doit-on voir un vestige des décans ou doyens francs :

Dans le fief du *décanat* à Sinceny, dont le Chapitre de Saint-Quentin confirma, en 1234, la vente par Raoul Rafars? (2).

Dans la qualité de *decanus* de *Viry* qu'un Guī prend en souscrivant, comme témoin, la charte par laquelle Philippe, comte de Flandre et de Vermandois, aban-

---

Adelin qui, en 913, avait chassé des environs de cette ville plusieurs bandes de Normands.

Malgré mes recherches, je n'ai trouvé nulle part mention de ce comte de Noyon ; seulement voici ce que l'on apprend de Flodoard (Ann.) :

En l'année 923, le normand Ragenold, qui ravageait l'Artois, fut battu par le comte Adelelme avec une perte de 60 hommes : *Ragenoldus in pagum atrebatensem prædatum progreditur, cui obvius factus comes Adelelmus,* etc,

En 932, après la mort d'Airard, évêque de Noyon, un clerc qui briguait de le remplacer et, comme il est à croire, complait pour y parvenir sur l'appui du même comte Adelelme, le fit entrer avec ses gens dans la ville, de nuit, par-dessus les remparts. Adelelme, le lendemain matin, chassa la garnison ; mais celle-ci, à laquelle s'étaient réunis un grand nombre des habitants des faubourgs, revient et assiège la ville. Bientôt, aidé de l'intérieur, on y pénètre, qui par une porte incendiée, qui par les fenêtres de l'église attenant aux remparts. Adelelme, qui s'est réfugié dans l'église, y est massacré avec les siens au pied même de l'autel.

L'ensemble et les détails de ces deux faits donnent à penser que le comte Adelin de M. de la Fons et le comte de Noyon de M. de Paulmy sont, malgré les différences de date et de nom, le même que le comte Adelelme de Flodoard ; et qu'il s'agit ici non d'un comte de Noyon, mais d'un comte d'Arras qui est venu se faire tuer à Noyon.

(1) De re diplom., p. 585.

(2) L'abbé Lambert, Not. hist. et géol. sur Sinceny.

donna, en 1175, l'avouerie de Viry à l'église de Paris ? (1).

Ne s'agit-il point ici, plus vraisemblablement, d'une dignité ecclésiastique ?

(1) Collette, Mém., t. 2, page 417.

On a retenu, dit Dom Grenier (Intr. à l'hist. gén. de la prov. de Picardie, page 87), en certains lieux, le nom de *décan* pour dire le juge ; le village de Ver près Corbie avoit encore un doyen en 1312.

CHAPITRE V.

LE PAYS NOYONNOIS.

§ Ier.

Les principaux démembrements du comté de Noyon
formèrent, en suivant l'ordre présumé des inféodations :
Le fief ou châtellenie de Chauny ;
      Id.   de Thourotte;
      Id.   de Choisy;
Les fiefs ou comté-pairie de Noyon.

I. Châtellenie de Chauny.

Une portion du comté de Noyon, qui devint dans la
suite la châtellenie de Chauny, appartenait dès le xe siècle
aux comtes de Vermandois.

En 949, un nommé Bernard qui, tenant le parti d'Hugues Ier, duc de France, occupait le *castellum super Isa-*
ram fluvium nomine Calniacum, Chauny, le remit entre
les mains du comte Albert Ier. (1).

Raoul Ier, descendant d'Albert Ier, (1119-1152), confirma la fondation de.... *ecclesiam Beatæ Mariæ calnia-*
censis quæ in castello et dominio meo... sita est (2).

Sa petite-fille, Elisabeth, femme de Philippe d'Alsace,
comte de Flandre, étant décédée sans postérité en 1182,
le règlement de sa succession amena des contestations
qui mirent les armes aux mains des parties intéressées, et

(1) Flodoard, Chron.
(2) Colliette, Mém., t. 2, p. 21.

se terminèrent par un traité signé à Amiens en l'année 1184, mais rendu seulement définitif en 1186.

Philippe d'Alsace restitua à Eléonore de Vermandois, sœur d'Elisabeth, Chauny, Saint-Quentin, Ribemont, Lassigny, *Laceni*, etc.; il remit aussi au roi Philippe-Auguste Choisy-au-Bac, *Coisy*, Thourotte, *Tourotte*, etc. (1).

En 1191, à la mort du comte de Flandre, il intervint entre le roi Philippe-Auguste et Eléonore de Vermandois un nouveau traité; il y fut stipulé, entre autres choses :

Que Chauny, *Chauniacum cum pertinenciis suis in feodo et dominio*, Lassigny, *Laceniacum cum pertinenciis suis in feodo et dominio*, Saint-Quentin, Ribemont, etc., demeureraient à Eléonore, qui les tiendrait en fief du roi;

Et qu'au décès sans enfant d'Eléonore de Vermandois, ces seigneuries feraient retour au roi. (2).

En 1213 la châtellenie de Chauny vint à Philippe-Auguste (3).

Elle resta dans le domaine royal jusqu'en 1337 que le roi Philippe-de-Valois la céda usufructuairement à Béatrix de Saint-Paul ou Pol, veuve de Jean de Flandre, seigneur de Tenremonde, Nesle, etc. A sa mort, en 1350, Chauny fit retour au domaine.

(1) Jacques de Guyse en son Hist. du Hainaut; il ne nomme point Chauny. Cette châtellenie faisait néanmoins partie des seigneuries abandonnées à Eléonore de Vermandois par le comte de Flandre; car, en cette même année 1186, Eléonore de Vermandois et Mathieu III, comte de Beaumont, son mari, confirmèrent la commune de Chauny.

(2) A. J., suppl. du Trés. des Ch. carton T. 1034.

(3) A quelle occasion? Par suite nécessairement, du moins on devrait le croire, du décès sans postérité d'Eléonore de Vermandois, conformément au traité de 1191. Mais si la prise de possession par le roi Philippe-Auguste de la châtellenie est certaine, constatée qu'elle est par la confirmation qu'il donna, en cette année 1213, de la commune de Chauny, il n'en est pas de même de l'époque de la mort d'Eléonore de Vermandois; aussi ne sait-on que décider.

Muldrac (Comp. abb. Laniopontis suess. Chron.) place cette mort au 21 juin 1214; Damiens de Templeux, (cité par Colliette, en ses Mém.) postérieurement à 1221.

Il y aurait donc eu en 1213 un autre traité, que l'on ne connaît pas, entre Philippe-Auguste et Eléonore de Vermandois.

Depuis, de nouvelles aliénations eurent lieu au profit :

En 1353, de Humbert, dauphin du Viennois ;

Le 5 mars de la même année, de Philippe de France, duc d'Orléans ;

En 1375, de Blanche de France, sa veuve ;

En 1393, de Louis de France, duc d'Orléans, dans la maison duquel la châtellenie resta jusqu'en 1498, époque de l'avènement au trône de Louis d'Orléans, duc d'Orléans, sous le nom de Louis XII ;

Vers 1500, de Marie de Luxembourg, veuve de François de Bourbon, comte de Vendôme ; à sa mort, en 1548, Chauny fut réuni définitivement à la Couronne.

Le domaine utile et les mouvances de la châtellenie furent ensuite possédés, à titre d'engagement, par les maisons d'Ongnies, de Chaulne, etc.

La Châtellenie de Chauny, qui était restée longtemps en la possession des ducs d'Orléans, en prit le nom de *Fief d'Orléans*, sous lequel on la voit mentionnée dans un grand nombre de titres.

Si l'on examine le mode d'administration de la châtellenie alors qu'elle était en mains seigneuriales, on voit :

Au temps des seigneurs de la maison de Vermandois, un châtelain et un bailli (1) ;

De Béatrix de Saint-Pol, un bailli ;

Et sous les princes de la maison d'Orléans, comme officiers judiciaires, un lieutenant du bailli du comté et duché de Valois, et un prévôt.

___

(1) *Injungimus etiam eis ut balivio nostro respondeant de his que*, etc., disent Eléonore de Vermandois et le comte de Beaumont dans leur confirmation de la commune de Chauny, de 1186 (D. Grenier, *papiers*. CC. 74).

II. Châtellenie de Thourotte.

Une autre portion du comté de Noyon, qui forma dans la suite une châtellenie avec Thourotte pour chef-lieu, appartenait déjà au x° siècle à Bernard II, comte de Senlis.

Dudon, chanoine de Saint-Quentin (1), rapporte qu'environ l'an 943, Hugues 1ᵉʳ, duc de France, sommé par le roi Louis d'Outremer de contraindre Bernard à remettre entre ses mains Richard, duc de Normandie, qui s'était échappé de Laon, lui fit cette réponse : *Silvanectensem et Codiciacum, Torotense* (Thourotte) *non auferam Bernardo et Cretheltense castrum, nequeo urguere ullis conaminibus illum ut reddat Richardum, dilectissimum nepotem suum.*

Adèle, arrière-petite-fille de Bernard, porta par mariage tous les domaines de sa maison et, entre autres, la châtellenie de Thourotte, à Herbert IV, comte de Vermandois.

Cette châtellenie resta entre les mains des comtes de Vermandois jusqu'au décès d'Elisabeth, femme du comte de Flandre ; et c'est en conséquence des traités de 1184 et de 1186 qu'elle vint à Philippe-Auguste, ainsi qu'on l'a vu précédemment.

Depuis la châtellenie de Thourotte a toujours fait partie du domaine royal ; elle fut réunie, à une époque que je ne puis préciser, à la châtellenie de Compiègne.

III. Châtellenie de Choisy.

Une autre portion du comté de Noyon, qui fut la châtellenie de Choisy, appartenait encore à la maison de Vermandois.

M. Graves (2) place l'époque de l'inféodation après

(1) Gesta Normannorum.
(2) Précis stat. sur le canton de Ribécourt.

l'année 1145. Mais il est tout au moins probable qu'elle est bien antérieure, et a eu lieu en même temps que pour Thourotte.

La châtellenie de Choisy fut également réunie à celle de Compiègne (1).

IV. Fiefs ou comté pairie de Noyon.

Le temporel de l'évêché de Noyon était composé :

De domaines qui lui avaient été transmis par les évêques eux-mêmes, par des particuliers ou par les rois avec amortissement ;

Et de domaines inféodés, *feoda noviomensia*, dont l'ensemble formait ce que l'on appela dans la suite le comté-pairie de Noyon ; c'est de ces derniers, et seulement encore de ceux qui étaient situés dans le *pays* noyonnois, dont j'ai à m'occuper ici.

Ces fiefs comprenaient la ville de Noyon et différentes portions du comté.

On n'est point fixé sur l'époque de l'inféodation principale, — car il y eut des accroissements. — Il n'existe aucun titre, aucun document précis ; et ce n'est qu'à l'aide de faits particuliers que l'on peut, ainsi que je vais essayer de le faire, en remontant du moins au plus ancien, arriver à une solution à peu près satisfaisante de la question. On va en juger :

Les comtes de Vermandois tenaient à foi et hommage des évêques de Noyon une tour située à Lassigny, qui vint en 1213 en la possession de Philippe-Auguste. Cet état de vassalité ne pouvant plus subsister, le roi, afin de dédommager les évêques de Noyon, leur concéda, par une charte de cette même année (2), en accroissement de ce

---

(1) Le *Codicincum* du passage de Dudon que j'ai précédemment rapporté, est regardé généralement comme étant Coucy-le-Château. Ne serait-ce pas plutôt Choisy ? voir à ce sujet le *De re diplôm.* à l'art. *Cencincum*.

(2) Gall. christ.

qu'ils tenaient déjà en fief de la Couronne, ce que lui, le roi, possédait à Lassigny et à Cuy : *Noverint... quod cum, secundum usum et consuetudinem regni Franciæ hactenus approbatum, prædecessores nostri reges Francorum nulli consueverint homagium, in recompensationem homagii quod domini viromannenses debebant episcopo et ecclesiæ noviomensibus, nos, amico et fideli nostro Stephano ejusdem ecclesiæ noviomensis episcopo ejusque successoribus noviomensibus episcopis, damus et concedimus in perpetuum augmentum regalium quicquid habebamus apud Laceniacum cum pertinentiis suis et apud villam de Cuy, etc.* Ces mots *in perpetuum augmentum regalium* ne laissent aucun doute ; l'inféodation est antérieure à 1213.

Raoul Ier, comte de Vermandois, avait, malgré les protestations et l'opposition del'évêque Baudouin II, fait construire une forteresse à Lassigny, — c'est celle dont il est question plus haut. Le débat qui s'éleva à ce sujet se termina en l'année 1150 par un accord dans lequel il fut stipulé, entre autres dispositions : que la forteresse resterait ; que le comte Raoul et ses successeurs la tiendraient à foi et hommage des évêques de Noyon ; que les hôtes et les vassaux des évêques n'y seraient jamais recueillis ; enfin que les évêques pourraient toujours, à leur volonté, conserver, donner ou vendre leurs bois situés aux alentours : *Radulfum... turrim* (et non *terram*)... *his conditionibus ut maneret impetrasse ; ut pro ea specialiter arce... ipse et qui post eum futuri erant comites hominium facerent ;... ut homines hospites terræ episcopi sive alii pertinentes ad feodum ipsius, contra voluntatem ipsius episcopi.... in castro non reciperentur ; et nemora sua propria quæ circa eum locum sunt, servare aut dare seu vendere non prohiberentur, etc.* (1). La conduite de l'évêque Baudouin, ces mots *homines hos-*

____

(1) Gall. Christ.

piles terræ episcopi sive alii pertinentes ad feodum ipsius, établissent suffisamment que l'inféodation a eu lieu avant 1150.

Dans l'armée qui, avec le roi Philippe Ier, se fit battre, en 1071, à Cassel par Robert-le-Frison, figurent : *Noviomenses, Torotenses... Quintinienses... Ribelmontes,* etc. (1). Or par *Noviomenses,* ceux de Noyon, il faut entendre les vassaux de l'évêque de Noyon, de même que par *Torotenses, Quintinienses, Ribelmontes,* les vassaux du comte de Vermandois, Herbert IV, à qui appartenaient alors les châtellenies de Thourotte, Saint-Quentin et Ribemont. L'inféodation est donc antérieure à 1071, puisqu'en cette année l'évêque de Noyon rendait le principal devoir du fieffé, le service militaire.

Vers 1027, il arriva à Noyon un événement que je vais laisser raconter à Hériman, abbé de Saint-Martin de Tournay (2) : *Ea tempestate habebat idem Robertus rex turrim Noviomi sitam, infra terminos ecclesiæ beatæ Dei genitricis Mariæ, secus curiam episcopi, perquam multa m... ejusdem urbis populo intulit. Miles enim, cui a rege cust dienda tradita fuerat, ferocis animi existebat adeo ut exactiones episcopales juri suo mancipare vellet; cunctis placitis causis que forensibus quæ in curia episcopi determinanda erant, principari volebat, nihil que episcopum constituere licebat nisi quod ipse prior disposuisset. Sic itaque episcopum et cives exasperans nonnulla servitia eis ingerebat. Cum ergo longo tempore id ageret nullis que exhortationibus religiosorum recipiscere vellet, ultra vecordiam ejus ferre non volentes, episcopus cum clero et populo valde afflicti proponunt omnino resistere modum que quo ad effectum perveniant cœperunt exquirere. Tandem eis videtur quod si turris eversa fuisset (quæ materia pertinaciæ ejus erat) facile*

(1) Rer. Franc. scrip., tom. 11, p. 350.
(2) Narr. rest. abb. S. Martini torn. (Spicil., t. 12, p. 460).

pacem obtinerent... Ce qui fut dit fut fait. L'évêque Hardouin de Croy ayant appris un beau jour que le châtelain s'était absenté avec tout son monde et qu'il ne restait plus au château que sa femme et les servantes, s'y introduisit sous un prétexte, assez singulièrement imaginé par parenthèse. Les portes étant ouvertes, une troupe de gens armés, apostés tout exprès, envahit le château et le ruina de fond en comble... Mais *audito ergo rex quod acciderat vehementer iratus est et contra episcopum, qui fidelitatem ei debebat, deperditione domus suæ conqueri cæpit, satisfactionem pro ditionis apertis querelis exigens secundum judicium optimatum suorum* etc. J'ai transcrit ici, malgré sa longueur, ce passage d'Hériman parce qu'il établit, d'une manière irrécusable, que, dès cette année 1027, l'évêque de Noyon tenait en fief du roi, *qui fidelitatem ei debebat*, la ville de Noyon, à la seule exception du château ou forteresse.

Cette inféodation aurait elle donc été faite par le roi Robert II lui-même, qui était monté sur le trône en 996? Robert II a, je le sais, confirmé sous l'année 1016 une donation faite au Chapitre par l'évêque Hardoin de Croy (1); mais cette confirmation évidemment n'est d'aucune signification dans la circonstance, pour ni contre.

Quel si grand intérêt d'ailleurs Robert aurait-il eu à favoriser l'évêque de Noyon? (2)

Il n'en avait point été de même pour Hugues-Capet.

(1) Cart. du Chap. de Noyon, fº 36.

(2) Bouchet (en ses Anc. et mod. généal. des Roys de France, page 143) fait mention d'un *Amoulry, aussi fils dudit roy Robert et de la comtesse de Noyon, sa seconde femme, dont sont venus les rois de Hiérusalem, comme témoigne ledit Annonius.*

Le Vasseur dit de son côté (Ann. page 107) que *la seconde femme du roy Robert estoit fille du défunt comte de Noyon;* et il cite Du Tillet en sa Chron. abregée, lequel cite Bouchet.

Mais si l'on se reporte à la Chron. d'Aimoin (*Aimonius* et non *Annonius*), on y lit (De gest. Franc. liv. 5, p. 747) que le roi Robert *quandam quoque dominam de Novigento habuit uxorem, de qua unum filium habuit nuncupatum Amalricum,* etc. Aussi, sans discuter le plus ou le moins de vraisemblance de ce second mariage de Robert, je ferai remarquer qu'il ne s'agit point de Noyon, mais d'un *Nonigentum* ou plutôt *Novigentum*, Nogent quelconque.

Lyndulphe Ier, monté sur le siége épiscopal en l'année 977, était le troisième des fils d'Albert Ier, comte de Vermandois, et de Gerberge, fille de Gilbert, duc de la Basse-Lorraine. — Colliette (1) dit, mais il se trompe, que cette Gerberge était la veuve en premières noces de Gilbert et en secondes noces du roi Louis IV d'Outremer. S'attacher Lyndulphe était donc pour Hugues-Capet de haute importance. Aussi comprend-on que, pour prix de son concours, il lui ait concédé à charge de foi et hommage des domaines considérables, sur lesquels il n'avait, à tout prendre, que les droits précaires de l'usurpation (2).

Deux faits graves témoignent, suivant moi, de ce concours de Lyndulphe, qui du reste en cela ne faisait que suivre l'exemple de l'archevêque Adalberon, son métropolitain, à savoir :

La reconnaissance publique, officielle, de Hugues-Capet comme roi, faite le 1er juin 987, à Noyon même (3);

Et la conduite tenue par Albert Ier et par Herbert III, comte après lui de Vermandois et frère aîné de Lyndulphe, durant la lutte entre Hugues-Capet et Charles de Lorraine, dont la femme, Agnès *alias* Alix, fille d'Herbert, comte de Troyes, était leur nièce et cousine germaine (4).

En 988 Lyndulphe était à Rome, ainsi que le prouve la bulle du pape Jean XV, dont je parlerai plus loin. Le

---

(1) Mém., t. 1er, page 478.

(2). M. Graves (*Précis stat. sur le cant. de Noyon*) a avancé que le *Noyonnois devint un des grands fiefs du duché de France, réunis sous Hugues-Capet à la Couronne*. Mais le duché de France, qui fut inféodé en l'année 861 à Robert-le-Fort, bisaïeul de Hugues-Capet, s'étendait seulement entre la Seine et la Loire.

Noyon, comme Compiègne, Laon, etc., appartint jusqu'aux derniers temps aux descendants de Charlemagne.

(3) Richer, en son *Hist.*, liv. 4, ch. 12, dit même que Hugues-Capet fut couronné à Noyon : *et per metropolitanum aliosque episcopos Noviomi coronatur*. Mais il est en cela en contradiction avec tous les autres chroniqueurs.

Hugues-Capet, proclamé roi à Senlis qui lui appartenait par ses familiers, et ensuite publiquement reconnu à Noyon, fut sacré à Reims.

(4) Colliette, Mém., t. 1er, page 552.

— 61 —

Vasseur (1) dit qu'il est constant que Lyndulphe fit le voyage de Rome par piété et dévotion selon la saincte coustume fort practiqnée par les chrestiens d'alors, etc. Mais je croirais plus volontiers que le voyage de Lyndulphe avait un but tout autre, un but politique, celui d'obtenir du pape la reconnaissance du nouvel ordre de choses. On remarquera à cette occasion que Lyndulphe était parti pour Rome peu après le couronnement à Reims de Hugues-Capet. Il ne se trouva pas en effet à l'assemblée, tenue à Compiègne sur la fin de l'année 987, dans laquelle le roi confirma la nomination de Maingaud, comme abbé de Corbie, et les biens et privilèges de cette abbaye ; tandis que l'on y voit figurer Adalberon, archevêque de Reims, Gui, évêque de Soissons, Adalbéron, évêque de Laon, Henri, évêque de Beauvais, etc.

Il est vrai, pour tout dire, que l'on n'a aucun témoignage direct de l'inféodation par le roi Hugues-Capet à l'évêque Lyndulphe. Peut-être cependant en existe-il un dans la différence que présente, en certaines de leurs dispositions, les confirmations, dont on a connaissance, des privilèges et possessions de l'évéché de Noyon. Ainsi :

La confirmation de l'an 842 par Charles-le-Chauve intéresse et l'évêché et le Chapitre ; le partage de la manse commune n'avait pas encore eu lieu. Le roi, à l'instar de ses prédécesseurs, prend sous sa sauvegarde l'église de la Sainte-Vierge et de Saint-Médard de Noyon, avec les monastères de Saint-Éloi, Saint-Maurice et Saint-Martin, et l'exempte en toutes ses possessions de la juridiction séculière : *Jubemus ut nullus judex publicus vel quislibet ex judiciaria potestate in ecclesias aut loca, villas seu curtes vel agros seu reliquas possessiones quas moderno tempore, in quibuslibet pagis et territoriis infra ditionem regni nostri, jure et legaliter memorata tenet vel possidet ecclesia, vel ea que deinceps*

(1) Annales, page 736.

in jure ipsius ecclesie voluerit divina pietas augeri,...
(1). Il n'y a aucune indication de biens.

Dans la suivante, qui est de l'an 900 ou environ et spéciale cette fois à l'évêché (2), Charles-le-Simple confirme en termes identiques la sauvegarde et l'exemption de juridiction séculière, de plus quelques biens acquis à l'évêché de Noyon sous Reinelme et Heidilon, et différents droits et biens particuliers à l'évêché de Tournay.

Par la dernière, qui est de l'an 988, — que l'on remarque bien cette date! — le Pape Jean XV confirme, à la prière de Lyndulphe, les priviléges et possessions des évêchés de Tournay et de Noyon dans les termes suivants : *Noverit... quod venerit ante nostram presentiam reverentissimus confrater noster Lyndulfus.... Confirmamus ut nullus comes aut extranea personna habeat potestatem comprehendendi vel distringendi latronem infra procinctum Noviomi, nec in villis illius loci episcopo sub juridictione subjectis in procinctu antiquitus deputatis..... Decrevimus quoque quod in Tornaco civitate nullus comes vel extraneus judex se intermittat de districto aut moneta,* etc. (3). On le voit, ce ne sont plus des expressions générales, de formule. Jean XV précise ; il établit une distinction notable entre les droits des évêques à Noyon et à Tournay. La situation des évêques à Noyon n'était donc plus alors ce qu'elle était précédemment ; il y avait eu modification....

(1) Cart. du Chapitre de Noyon, f° 40.
(2) *id.* f° 35.
Le partage de la manse commune entre l'évêque et les chanoines avait eu lieu dans l'intervalle de ces deux confirmations. Charles-le-Simple, par un autre précepte de l'ann e 902, à la prière de l'évêque Heidilon, confirma les possessions du Chapitre de Noyon : *Quia teniens vir venerabilis Heidilo....summo deprecatus est studio ut quemadmodum quondam sibi quidquid jure episcopii in proprios usus possidebat regali confirmareremus præcepto, connexieis suis in ecclesio sancte Marie Genitricis similiter confirmaremus quod regio dono modernis* etc. (Cart. du Chap. de Noyon, f° 27.)
(3) Cart. du Chap. de Noyon, f° 46. — Lyndulphe Iᵉʳ est mort en 989, peu après son retour de Rome.

Ma conclusion sera par suite que, suivant toutes les probabilités, — il n'y a pas certitude, je le reconnais, — l'inféodation a été faite, en l'année 987, par le roi Hugues-Capet à l'évêque Lyndulphe Ier. Elle est conforme, je dois le dire, à l'opinion de Dom Germain qui s'exprime ainsi (1) : *Subinde noviomagensibus episcopis cessisse videtur hoc palatium* (de Noyon) *quibus non tantum urbis regiæ, sed etiam pagi noviomensis, Carisiaci regiæ villæ in eodem pago aliarum que cessit* (Hugues-Capet) *dominium, titulo comitivæ, quem ipsi ante annos fere quingentos in litteris suis usurpaverunt.*

Seulement Dom Germain me parait s'être trompé en deux points :

1° Quierzy n'est point situé en *pays* noyonnois, mais en *pays* soissonnois (2).

2° L'inféodation ne comprit point d'abord le château de Noyon qui fut réservé par le roi.

Clotaire III (660-668) ayant donné à sainte Godeberte *palatium suum* (3), une autre résidence royale avait été nécessairement construite à Noyon : Chilpéric II, suivant le père Anselme cité par M. Graves (4), *mourut à Noyon vers l'automne* de 720; Charlemagne y fut sacré en 768; et Hugues-Capet définitivement élu roi en 987.

Déchue de sa véritable destination, cette résidence n'était plus en 1027, ainsi qu'on l'a vu précédemment, qu'un château ou forteresse où siégeait l'officier qui représentait dans la ville de Noyon, devenue la propriété des évêques, l'autorité royale. Les gens de l'évêque Hardouin de Croy, après s'en être emparé, le ruinèrent de fond en comble : *Famuli episcopi continuo circumquoque ignem accendunt, cuncta ædificia evertunt, machinas ad subvertendum undique instruunt, immensam ejus altitu*

---

(1) De re diplom., p. 305.
(2) Voir la note 3 de la page 18.
(3) Auctore Vitæ Godebertæ virginis (De re diplom., p. 305.
(4) Précis stat. sur le canton de Noyon.

dinem solo coœquant, de summo lapide usque ad imum comminuant, etc. (1). Mais quoiqu'en dise Colliette (2), le château de Noyon fut reconstruit; car, vers 1065, Raimaud, évêque de Langres, ayant eu quelques démêlés avec le roi Philippe Ier, fut arrêté et enfermé *in noriomensi civitate in turre juxta portam* (3).

A quelle époque la concession en eut-elle lieu aux évêques de Noyon? Ici les incertitudes recommencent.

Evidemment ce n'a pu être en 1027 ni en 1065. Peut-être même pas sous l'épiscopat de Radbod II (1068-1098); si en effet on prend à la lettre les termes de la donation faite par Philippe Ier du château de Quierzy, on est amené à le penser : Radbod demande au roi de lui donner Quierzy qui *ob cavendas vicinorum inimicorum insidias quas frequenter patiebantur, sue ecclesie habebatur necessarium* (4); il ne possédait donc pas encore le château de Noyon ni aucune autre forteresse.

Mais, suivant toutes les vraisemblances, cette concession est antérieure à l'année 1213. Philippe-Auguste qui avait à fournir aux évêques un dédommagement pour l'hommage qu'ils perdaient, leur aurait abandonné le château de Noyon plutôt que des biens à Lassigny et à Cuy.

Quoi qu'il en soit, le château de Noyon, on la *Grosse tour*, la *Tour Rolland*, comme on l'appela dans la suite, devint le chef-lieu féodal du comté-pairie de Noyon (5).

(1) Hériman, loco cit.
(2) Loco cit.
(3) Rer. Franc. script., t. II, p. 482.
(4) Cart. du chapitre de Noyon, f° 35.
(5) L'emplacement de ce château est indiqué, d'une manière précise, par les passages rapportés précédemment : *infra terminos ecclesiæ... secus curiam episcopi,... juxta portam.*

M. Moët de la Forte-Maison (Antiq. de Noyon, p. 72), a reconnu et constaté, à l'entrée de la rue de l'Evêché, l'emplacement de la *Tour Roland, que Levasseur dit avoir été choisie au niveau des chambres du palais épiscopal*, auquel elle était attenante, en 1619 ou 1620. Quant à la porte, il en existait encore, suivant Le Vasseur (Ann. p. 91), vestige au xve siècle : *Au mesme endroit fut autrefois une arcade qui portoit sur la maison qui appartient au depuis au-*

La qualité de pair du roi, pair de France, provenait aux évêques de Noyon de ce qu'ils étaient vassaux immédiats de la Couronne.

Quant au titre de comte, on ignore à quelle époque et dans quelle circonstance il fut pris par eux. Selon Dom Germain, ainsi qu'on l'a vu précédemment, il leur aurait été concédé ou confirmé par Hugues-Capet ; mais je dois dire que je ne m'explique pas suffisamment sa dernière phrase, *quem* (ce titre) *ante annos fere quingentos in litteris snis usurpaverunt* ; des chartes antérieures de près de cinq cents ans, à qui, à quoi ?

Colliette (1), après avoir hésité pour l'année 1070, sous laquelle il place la donation par Philippe Ier aux évêques de Noyon du château de Quierzy, s'exprime ainsi : *On peut croire avec fondement que c'est de l'époque de cette transaction* (la concession de biens à Lassigny et à Cuy faite en 1213 par Philippe-Auguste) *que les évêques de Noyon tinrent leur ville en comté. Philippe-Auguste leur aura transféré dès-lors sous le nom de comtes de Noyon, le titre honorable de comtes de Vermandois qui s'éteignoit dans l'héritière reconnue de cette illustre famille. Et pour revêtir à jamais ces prélats de quelques dépouilles de notre province, il leur aura passé, à la faveur d'une appellation nouvelle, la haute et la plus précieuse prééminence des seigneurs temporels de ce territoire. Aucune qualité ne convenoit mieux en effet aux évêques anciens de Vermandois...* Il rapporte ensuite l'opinion de Dom Germain qu'il combat et termine en ces termes : *Mais il nous paroit plus vraisemblable que les évêques*

dit *Bardoulet et sur la mienne, qui faisoit la séparation et bornes du cloistre. Nos anciens l'ont vue.*

Le châtelain de l'évêque, après l'inféodation de son office, transféra sa résidence non loin de là, auprès de la porte de la ville qui se trouvait presque à l'entrée de la rue des Deux Bornes, et qui en prit son nom, *Porte-Chastel, Porta castelli, —juxta portam castelli noriomensis* dans une charte de l'évêque Etienne de Nemours, de l'an 1193, transcrite au cartulaire du Chapitre de Noyon, fo 142.

(1) *Loco cit.*

*de Noyon ne furent faits comtes de leur ville qu'à l'ex-
tinction des comtes de Vermandois et par le traité de
Philippe-Auguste avec l'évêque Etienne de Nemours.*

On remarquera toutefois que l'on ne voit aucun évêque de Noyon prendre le titre de comte avant le xiv^e
siècle. (1).

On n'a que peu de renseignements sur l'administration,
durant les premiers temps, du comté-pairie de Noyon.

Le plus ancien châtelain connu est un Hugues, *Hu-
gonis castellani*, qui souscrivit la charte par laquelle
l'évêque de Noyon, Baudouin Ier, confirma le 8 des Kalendes d'avril 1048 l'abandon par le nommé Radbod à la pa-
roisse de Saint-Remi de *Saint-Quentin*, du patronage des
cures d'Artemps et de Jeancourt.

Odri, prévôt, *Odrici, episcopi præpositi*, souscrivit la
charte par laquelle le même évêque réglementa le 6 des
Kalendes de juin 1058 les attributions des avoués de l'église
de Noyon (2).

Dans la suite on voit, comme officiers judiciaires : à
Noyon, un bailli, à Carlepont, un maire, à Chiry, un
bailli, etc.

§. II.

Philippe-Auguste, après sa prise de possession en
1184-1185, conserva ou établit un prévôt dans chacune
des châtellenies de Thourotte et de Choisy.

Ce prévôt fut primitivement subordonné au bailli dont
l'administration s'étendait dans le Vermandois, le Noyon-

---

(1) L'hôpital du Petitpont à Saint-Quentin fut fondé, en 1370,
par Gilles de Lorris, qui se qualifie sur la charte de *noviomensem
episcopum et comitem*. Je dis Gilles de Lorris, bien que le titre porte
Johannem et non *Ægidium*, car c'est lui qui occupait le siège
épiscopal de Noyon en cette année. Le Vasseur qui a publié cette charte
(Ann. p. 936) aura mal lu le nom.

(2) Cart. du Chap. de Noyon, f° 63.

nois, le Soissonnois, le Senlisis, etc., et plus tard, lors de la création du bailliage de Senlis, au bailli de Senlis.

Le même roi étant devenu propriétaire, en 1213, de la châtellenie de Chauny y établit tout à la fois un prévôt et un bailli (1).

L'office du bailli de Chauny ayant été dans la suite supprimé, la prévôté fut comprise dans le bailliage de Vermandois (2).

Dans l'organisation définitive du royaume le *pays noyonnois* se trouva réparti entre :

Les bailliages de Compiègne, Chauny, Noyon, Soissons, Saint-Quentin, Coucy et Villers-Cotterets ;

L'Election de Compiègne (3) dans la Généralité de Paris, et les Elections de Soissons et de Noyon comprises en premier lieu dans la Généralité d'Amiens, et plus tard dans la Généralité de Soissons, lorsque celle-ci fut créée en 1595 ;

Le Gouvernement de Picardie, et ensuite le Gouvernement de l'Isle de France.

La relation des circonstances qui ont précédé et accompagné l'établissement des Elections, Généralités et Gouvernements serait sans aucun intérêt. J'entrerai seulement dans quelques détails sur la formation de certains

(1) Philippe-Auguste dans ses lettres de confirmation de la commune de Chauny, qui sont datées de l'année 1213, statua, entre autres choses, que celui qui aurait commis un homicide dans la ville et sa banlieue serait livré à son prévôt, *preposito nostro vel ei qui est in loco ejus.*

On lit dans les lettres de confirmation données par lui, en 1214, de l'accord intervenu entre l'abbaye de Saint-Eloi de Chauny et les maire et jurés de la ville touchant la banalité du moulin prétendue par l'abbaye : *Et sciendum est quod si quis ex parte abbatis vel ex parte ville obviare punctis prescriptis presumpserit, nos vel baillivus noster de Calniaco debemus emendare.*

(2) Au mois de novembre 1290, le roi Philippe-le-Bel attribua aux maire et jurés de la commune de Chauny la connaissance et juridiction des draps de laine, à l'encontre du bailli de Vermandois et du prévôt de Chauny :... *baillivus noster vermandensis et prepositus noster de Calniaco.*

(3) Elle existait, dit-on, en 1411 (M. Graves, Préc. stat. sur le cant. de Comp. regne)

bailliages, tels que ceux de Compiègne, Chauny, Noyon et Soissons ; car sans cela on ne s'expliquerait pas les modifications et transformations qui ont eu lieu. Quant aux bailliages de Saint-Quentin, Coucy et Villers-Cotterêts, ils ne comprenaient que des portions tout-à-fait insignifiantes du *pays* noyonnois, et pour cette raison je n'en parlerai point.

Bailliage de Compiègne.

En 1209, Philippe Auguste établit à Compiègne un lieutenant du bailli de Senlis pour, attendu l'éloignement du siége principal, connaître des causes d'appel des prévôtés de Thourotte, Choisy, Pierrefonds, foraine de Compiègne, etc..

Ce siége particulier prit le titre de châtellenie de Compiègne et plus tard celui de bailliage de Compiègne.

Prévôté de Thourotte. — L'office du prévôt de Thourotte fut joint, on ne sait à quelle époque ni dans quelle circonstance, à celui du prévôt forain de Compiègne (1).

Par lettres-patentes du 9 février 1557, le roi Henri II transféra le siége de la prévôté de Thourotte à Compiègne, et statua qu'à l'avenir les offices de prévôt forain et de prévôt dé Thourotte seraient distincts. Mais, dans la suite, cette réunion des deux offices eut encore lieu (2).

---

(1) En 1510, un sergent royal se transporta au village de Thourotte *aux plaids que tenoit illec honorable homme maistre Jean Laurel, prévost forain de Compiègne.*

(2) Dans un titre de 1633, relatif à Montmacq, il est fait mention de *Hyérosme Le Caron ... prévost et juge ordinaire de la prévosté foraine de Compiègne et de la châtellenie de Thourotte establie audit Compiègne, commissaire examinateur en ladite prévostez et châtellenie.*

Prévôté de Choisy. — L'office du prévôt de Choisy fut, comme celui de Thourotte, joint à l'office du prévôt forain de Compiègne (1).

Les Coutumes du bailliage de Senlis, réformées en 1539, ne mentionnent, comme ressortissant à l'assise de Compiègne, que les prévôtés de la ville, de Margny, de Thourotte, foraine et de l'exemption de Pierrefonds; d'où l'on pourrait conclure que la prévôté de Choisy avait été antérieurement supprimée et sa juridiction réunie à celle de la prévôté foraine. Cependant il n'en est rien ; des titres de 1565 et 1691 portent encore... *es prévotez et chastellenies de Compiègne et de Choisi.*

Le siége de la prévôté de Choisy avait été également transféré à Compiègne.

Prévôté de Pierrefonds. — Prévôté de l'exemption de Pierrefonds. La châtellenie de Pierrefonds ayant fait partie des biens donnés en augmentation d'apanage, en 1349, par le roi Jean à Philippe de France, duc d'Orléans, son frère, le Chapitre de Soissons et d'autres établissements religieux de fondation royale qui répondaient à la prévôté de Pierrefonds, demandèrent, attendu leur origine , à être exempts de la juridiction du duc d'Orléans, et à demeurer sous celle du roi.

Faisant droit à leurs réclamations, Jean, par ses lettres-patentes du 26 août 1354, leur assigna la ville de Compiègne où il institua un prévôt royal qui prit le titre de prévôt de l'exemption de Pierrefonds.

L'établissement à Compiègne de la prévôté de l'exemption de Pierrefonds fut confirmé par le roi Charles VI, suivant ses lettres-patentes en forme d'édit du 30 janvier 1411 , et depuis a toujours subsisté.

(1) Dans un titre du 13 février 1691, il est parlé du *garde des seaulx roynulx de la baillie de Senlis, establis de par icelluy seigneur (le roi) en la prévosté de Compiengne et de Choisy.*

Seulement un certain nombre des localités dépendant de la prévôté de l'exemption de Pierrefonds, furent attribuées au bailliage de Soissons lors de sa création.

Les prévôtés de Thourotte, de Choisy, de l'exemption de Pierrefonds, foraine de Compiègne, etc., furent supprimées et réunies, par l'édit particulier du mois d'août 1748, au bailliage de Compiègne ; et il n'y eut plus dès-lors en ce siège qu'un seul degré de juridiction.

Bailliage de Chauny — Bailliage de Noyon.

La châtellenie de Chauny ayant été, en 1337, cédée usufructuairement à Béatrix de Saint-Pol, il arriva semblable chose que lors de la donation de la châtellenie de Pierrefonds à Philippe de France, duc d'Orléans.

Béatrix de Saint-Pol prétendit exercer sur l'évêque et le Chapitre de Noyon et sur leurs vassaux, — dans toutes les causes par lesquelles ils ressortissaient à la prévôté de Chauny, — la même juridiction que les rois ses prédécesseurs en la châtellenie.

L'évêque et le Chapitre s'y opposèrent soutenant qu'étant de fondation royale, ils ne pouvaient être soumis à une juridiction seigneuriale ; et ils obtinrent du roi Philippe de Valois des lettres les exemptant de la juridiction de Béatrix de Saint-Pol et leur assignant, pour siège et ressort en les causes susdites, la prévôté royale de Roye dans le bailliage de Vermandois. Cette exemption cessa en 1350 à la mort de Béatrix de Saint-Pol, la châtellenie ayant fait retour au domaine royal.

Mais trois ans après, la châtellenie ayant été aliénée de nouveau au profit de Philippe de France, duc d'Orléans, le roi Jean, par ses lettres-patentes des 7 juillet et 11 octobre 1354, assigna encore à l'évêque et au Chapitre de Noyon la prévôté de Roye.

Durant les troubles qu'amenèrent la guerre avec les

Anglais et les luttes entre les Armagnacs et les Bourguignons, le siége de la prévôté de l'exemption de Chauny subit plusieurs déplacements. En 1359, il était à Noyon ; et le Dauphin, régent de France, en donna à l'évêque, le 21 octobre de cette année, des lettres de non-préjudice.

Par ses lettres-patentes du 14 octobre 1435, le roi Charles VII l'établit encore à Noyon, et depuis il y demeura.

La prévôté de l'exemption de Chauny, qui dépendait du bailliage de Vermandois (1), prit dans la suite le titre de prévôté de Noyon, et en dernier lieu celui de bailliage de Noyon.

La châtellenie de Chauny ayant été définitivement réunie à la Couronne, en 1548, au décès de Marie de Luxembourg, la prévôté et le bailliage de Chauny furent rétablis, sans toutefois qu'on leur restituât le ressort de la prévôté de l'exemption de Chauny.

Enfin le roi François II, par une déclaration du mois de novembre 1580, établit qu'à l'avenir il n'y aurait qu'un juge et qu'un degré de juridiction au bailliage et ressort de Chauny, et que le titre de l'office de prévôt serait changé en celui de lieutenant du bailli.

Bailliage de Soissons.

Le bailliage de Soissons fut érigé par Henri IV, suivant son édit du mois de septembre 1595.

On y comprit une grande partie des localités ressortissant à la prévôté de l'exemption de Pierrefonds.

(1) Dans un titre du 13 septembre 1449, qui est la vente de la seigneurie du Metz à Dreslincourt par Guillaume de Villers à Raoul de Flavy, seigneur de Ribécourt, il est fait mention du *garde du scel de la baillie de Vermandois, establi par icelluy seigneur (le roi) en l'exemption de Chauny à Noyon.*

§ III.

On me permettra, changeant de ton, de terminer ce chapitre et le présent travail, par quelques extraits du *Livre de Baudoin, conte de Flandre*, roman composé au xiv° siècle et dans lequel il est curieusement parlé du comté féodal de Noyon.

En l'an mil cent quatre vingtz avoit en Flandres ung conte nommé Phelippes, duquel conte quatorzes aultres contés estoyent tenuez par hommaige : c'est assavoir, Holande, Zélande, Alos, Haynault, Tarache, Cambrésis, Vermandois, Noyon,....

Ayant appris qu'un payen d'oultre mer nommé Caquedent assiégeait Milan, il résolut d'en délivrer cette ville. *Il manda tous ses hommes et fist son assemblée à Arram. A son mandement vindrent le conte Florent de Holande... et le conte de Noyon...* Il réussit dans son entreprise.

... En l'an de l'incarnacion de nostre seigneur Jhesus-Crist mil cent quatre vingtz et quatre ou environ (1191) *trespassa le bon Phelippe, contes de Flandres, de ce monde, et après Baudoin, son filz* (son petit-fils) *fut conte de la dicte conté. Et estoient tenues de luy XIIII contés...*

Après le mariage de l'empereur de Constantinople avec Béatrix, fille de Philippe-Auguste, roi de France, auquel il assista, *Baudoin s'en alla, luy et ses barons, en sa cité de Noyon qui estoit alors tenue de luy et y séjourna trois jours, Et au quart jour il eut désir de aller chasser es foretz de Noyon et print ses veneurs et son herre de chasse et print en sa main ung moult fort espieu et aussi des chiens et trouvèrent, quand ils furent en la forest, ung sangler... et le sanglers ysit des boys et s'enfouyt es boys de Mormay et le conte et ses gens fuyrent oultre l'eau de Seyne; car il avoit jà trespassé Vermendois. Baudoin, poursuivant le sanglier, se sépara de ses gens et fit la rencontre* d'une pucelle nommée Helvis qui chevauchoit toute seulle sur ung pallefroy noir qui alloit les ambles ; il l'épousa et en eut deux filles, Jeanne et Marguerite.

Baudoin se croisa et, après avoir tué en combat singulier, *Acquillan, Souldan de Perthie,* fils de Caquedent, il entra à Constantinople dont il fut élu empereur. Il partit peu après pour Jérusalem ; mais, trahi par *Jehan de Haultefueille, conte de Blois,* il fut fait prisonnier par le souldan *Dolphorot, qui avoit ung filz nommé Saladin.*

Pendant son absence, le roi Philippe-Auguste maria sa fille ainée Jeanne à *Ferrant, ung des filz au roy de Portingal.... Puis s'en partirent Ferrant et sa femme de la ville de Paris et s'en allèrent à Noyon où ilz demourèrent deux jours et en prindrent les hommaiges...*

Le roi Philippe-Auguste ayant montré, dans une certaine circonstance, peu de considération pour Ferrand et Clément de Portugal, son père, la guerre éclata entre eux. *Le conte Ferrant manda tantost ses gens de tout son pays... Aussi print il ceulx de la conté de Noyon et s'en vindrent passer au pont de Chosi...*

Après quelques revers éprouvés par le roi, une trève fut conclue. Mais à son expiration les hostilités recommencèrent. *Ferrant... remandast tantost ses hommes.... et furent bien trois cens mille hommes que Ferrant mena de son aliance qui vindrent à Noyon... et adonc approucha le conte de Flandres, et s'en vint au pont à Choisi ; semblablement s'approucha le roy de France.... Et entre tant Ferrant fist faire une tour à Choisi bien près de la rivière, qui estoit moult forte, et pareillement le roy par son conseil en fist faire une aultre de l'aultre part de la rivière.*

Ferrand ayant été vaincu en combat singulier par le comte de Saint-Pol *au pont de Choisi en Picardie, Hoste,* le roy *d'Almaigne* (Othon IV, empereur) s'entremit, et la paix fut conclue sous la condition que Philippe-Auguste *tiendroit jusques à cens ans advenir, lui et ses hoirs, la conté de Noyon, Vermandois, etc., et après les cent ans accomplis les Flamans recouvreraient leur terre; s'il n'estoit ainsi que dedans ces cent ans, Ferrant ou ses hommes esmeussent vers les Francoys la guerre ou quel que excès, ils perdroient du tout les contés dessus nommées, et seroient au roi et à ses hoirs perpétuellement.*

Au bout de deux années la guerre éclata de nouveau; et le roi Philippe-Auguste et le comte Ferrand se rencontrèrent dans les plaines de Bouvines (1214). Ferrand fait prisonnier, fut conduit à Paris et ensuite au *Goulet sur Saine,* auprès de Vernon.

Le roi avoit un filleul nommé *Phelippe-le-Long* qui, *estoit conte de Senliz; il lui donna la conté de Noyon ainssi qu'il le tiendrait de lui et luy en donna ses lettres sellées de ses seaulx. Et après que Phelippe-le-Long eut remercié le roy, son parrain, de ce don, il s'en partit et s'en alla à Noyon et en prin les féaultés et les hommaiges.*

Louis, fils aîné du roi, ayant été associé par lui à la Couronne, en profita pour rendre la liberté à Ferrand. *Ferrant, le conte de Flandres.... ce partit de Paris... et sa mère s'en alla après luy... et prindrent leur chemin droit à Noyon où ilz se herbegèrent. Et là estoit Phelippe-le-Long, conte de Noyon, qui festoia grandement le conte de Flandres...*

Mais Ferrand, en causant, fit connaître à Philippe-le-Long que son dessein était de recommencer la guerre, la mort seule du roi devant le venger. *Aussi auray,* dit-il, *ma terre entièrement jusques au pont à Choisi: là ma terre se entend dont le roy a fait don à vous et à aultruy tout a son talant. Phelippe-le-Long manda tantost le le prévost de Noyon... et dist au prévost qu'il mist Ferrant et ses gens en l'arrest et qu'il mest Ferrant en la* grosse tour de Noyon... *Mais tantost le conte Ferrant mourut en la prinson et Phelippe-le-Long en rendit le corps à sa mère...*

On voit que l'auteur anonyme du *Livre de Baudoin*, conte de Flandre, avait une grande imagination.

Noyon. — Typ. P. Andrieux.